JN293772

教職課程の心理学

平野 眞 著

東海大学出版部

はじめに

　近年の大学教育改革により旧来の一般教養課程が解体され、いわゆる心理学という授業科目は消滅しつつあります。そのため教職課程の学生は教育心理学の授業で初めて心理学に触れるということが多くなりました。一方、教職課程の「教職に関する科目」では、心理学に深く関連した数種類の科目が必修となっています。まず「幼児、児童、生徒の心身の発達および学習の過程（障害を持つ児童、生徒を含む）」を学ぶ科目として教育心理学がありますし、「教育の方法および技術」を学ぶための科目として学習指導論あるいは教育方法論があります。また、「教育相談（カウンセリングに関する基礎的な知識を含む）の理論および技法」を学習する科目として教育相談あるいは学校カウンセリングが必修となっています。これらの科目内容を充分に理解し教育現場の問題に対して応用可能な認識を得ようとするには、基本的な心理学の知識や心理学的観点が必要となります。そこで、本書ではこれらの科目に共通する心理学の基礎的な知識と考え方を説明しました。いわば教職課程に合わせた心理学の教科書といえます。

　本書は、6章から成立しています。1章は精神発達に関する主要な理論をまとめましたが、その中に発達障害に関する説明を含めました。2章は人間の学習行動の基本原理について主要な理論を述べました。これらの章が教育心理学に対応する部分です。次に、3章では認知心理学の分野から記憶の理論を取り上げました。4章では学習心理学から見た授業の理論を説明し

ました。5章では、心理学的測定理論を中心とした教育的測定の原理と様々な評価方法について述べました。これら3章、4章および5章は、学習指導論あるいは教育方法論などで必要な分野です。6章はカウンセリングの基本的な治療理論と技法を説明しました。この章は教育相談や学校カウンセリングなどの科目の基礎理論となる部分です。

　日進月歩で発展する心理学の知見のなかで、本書が取り上げた理論や項目は教育活動にとって必要不可欠な基本事項のみになりました。しかし、それらを可能な限りわかりやすく、丁寧に説明したつもりです。各理論や説にはできるだけ日常例を示し、読み進むことで理解が得られるようにしました。また、重要な項目は字体を変えて強調し、理論の概念図や実験のイラストも用いました。本書が教職課程の学生のみならず，教育現場の先生方や教育に関係する職業の方にも広く読んでいただければ幸いに思います。

2011年6月

平野　眞

目次

はじめに　　iii

1章　発達の理論 …………………………………1

1．発達とは　　2
1.1　発達の規定要因　　4
1.2　遺伝・成熟説の根拠　　5
1.3　環境・学習説の根拠　　8
1.4　両要因の関連について　　11
2．発達の段階理論　　14
2.1　フロイトの心理性的発達理論と人格発達　　15
2.2　青年期研究とエリクソンの発達理論　　18
2.3　ボウルビィーの愛着理論と対人関係の発達　　26
2.4　ピアジェの認知発達理論　　30
2.5　ヴィゴツキーの社会文化発達理論　　39
3．発達の障害　　42
3.1　精神遅滞　　42
3.2　学習障害　　44
3.3　注意欠陥多動性障害　　47
3.4　自閉症　　49

2章　学習の原理 …………………………………55

1．学習とは　　56
2．レスポンデント条件づけ理論　　59
2.1　パブロフの実験と理論　　59
2.2　ワトソンの行動主義と嫌悪条件づけ　　62
3．オペラント条件づけ理論　　64
3.1　ソーンダイクのネコの問題箱実験　　64
3.2　スキナーのオペラント条件づけ理論　　66

3.3　連続強化と部分強化　　69
　4．観察学習理論　71
　5．その他の学習　74

3章　記憶の理論 …………………………………………77

　1．記憶の構造　78
　2．短期記憶の特徴　80
　　2.1　短期記憶の時間的限界　80
　　2.2　容量限界　81
　　2.3　情報の形式　82
　　2.4　短期記憶とワーキング・メモリー　83
　3．長期記憶への転送　84
　4．長期記憶の特徴　85
　　4.1　情報の意味的変換とネットワーク化　86
　　4.2　長期記憶の情報の種類　91
　　4.3　忘却の理論　92

4章　授業の理論 …………………………………………97

　1．学習の転移とメタ認知　98
　　1.1　メタ認知的知識　99
　　1.2　メタ認知的活動　100
　2．動機づけの理論　102
　　2.1　外発的動機づけ　104
　　2.2　内発的動機づけ　107
　　2.3　学習性無力感の克服と原因帰属の修正　108
　3．授業の理論　114
　　3.1　受容学習　114
　　3.2　発見学習　116
　　3.3　個別学習　117
　　3.4　グループ学習　119
　4．適性処遇交互作用の問題　120

5章　測定と評価の理論 …125

1. 教育的測定の種類と原理　126
   1.1 性格測定の原理　126
   1.2 知能テストの原理と発展　133
   1.3 学力テストにおける「よいテスト」とは　137
2. 教育評価の理論　139
   2.1 評価の基準　140
   2.2 評価の時期　144
   2.3 評価の歪曲要因　145

6章　カウンセリングの理論 …147

1. 精神分析療法　148
   1.1 精神分析理論　149
   1.2 精神分析療法の原理と技法　153
2. 来談者中心療法　155
   2.1 自己理論　155
   2.2 来談者中心療法の原理と技法　158
   2.3 来談者中心療法の意義と批判　162
3. 行動療法　163
   3.1 レスポンデント条件づけ理論と系統的脱感作療法　164
   3.2 オペラント条件づけ理論とトークン・エコノミー法　166
   3.3 行動療法の意義と批評　168
4. 認知行動療法　169
   4.1 論理情動療法　170
   4.2 認知療法　171
   4.3 認知行動療法の意義と批判　174

文献　175
索引（項目索引・人名索引）　181

1章

発達の理論

1．発達とは

　私たち人間は「ヒトから人になる」と表現することができます。この場合のカタカナで表記されたヒトとは霊長類ヒト科に属する動物としての人です。つまり、動物として生まれてきた私たちは次第に成長し、やがて人格を持った社会的存在としての人間になる、というのがこの言葉の意味です。私たちが人になる過程には多様で大きな変化があります。身体的には、新生児のときわずか五十数センチ、三千数百グラムの体が何倍にも増大しつつ、男女で形態も大きく変わります。たとえばスキャモンは、人の20歳の身体を基準（100％）として、体のそれぞれの器官がどのように発達していくかを図示しています（図1参照）。一般型とよばれるものは、筋骨格、循環器、消化器官などの発達で、2歳まで急速に発達した後はゆるやかになり思春期以降に再び伸びてゆきます。生殖型は生殖器官を中心とした器官の発達で、思春期以降に急激な発達を示して20歳までに完成されてゆきます。また、神経型は脳の重量を中心とする脳神経系統の発達で、5歳くらいまでに約80％が完成し、その後ゆるやかに発達します。一方、リンパ型はリンパ節や扁桃などリンパ系の発達ですが、子ども時代の終わりである12歳くらいで成人の2倍近くまで急激に発達して、それ以後徐々に大人の水準になることが示されています。このように、体の内部でも発達は一様ではないことがわかります。

　身体の変化と同じように知性や社会性といった心の機能も、それぞれに変化してゆきます。しかも変化の過程は身体と同じく一様ではありません。これらの変化は子どもから大人になるときのように機能や能力が増大することもあれば、逆に老人に

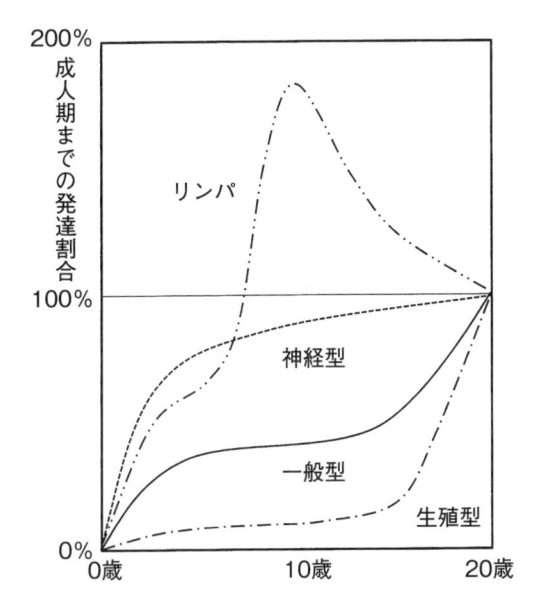

図 1.1 スキャモンの発達曲線
　スキャモン（R. Scammon）はミネソタ大学医学部の解剖学の教授で、身体各部の発達の様相を示しました。

なるときのように衰退することもありますが、この一生にわたる変化の過程を心理学では**発達**あるいは**生涯発達**といいます。そして、この心身の変化の様相から発達のメカニズムを明らかにするのが**発達心理学**です。

　この章では、まず発達に影響を与える要因についての議論を紹介します。次に、人格、社会性、認知機能などいくつかの精神機能の発達に関する理論を概観します。最後に発達の障害について説明します。

1.1 発達の規定要因

　発達という変化に大きく影響を与える要因は何でしょうか。たとえば私たちの住む社会では、男性らしい態度や女性らしいしぐさというものが共通して存在します。この場合、男性らしくあるいは女性らしくなるという現象は何により影響されるのでしょうか。発達に影響を与える要因、つまり発達の規定要因として古くから遺伝と環境という2つが考えられています。

　遺伝の要因とは、人の発達は遺伝的に決定されていて（遺伝説）、加齢に伴って自然に発現してくる（成熟説）という考え方です。遺伝が成熟のプログラムを決めていると考えれば遺伝説も成熟説も類似した考え方になりますので、まとめて**遺伝・成熟説**とよぶことにします。これらの考え方は、古くはルソー（J. J. Rousseau）やダーウィン（C. Darwin）の進化論にも見られる考え方です。この考え方にしたがうと、私たちが男らしくあるいは女らしくなるという先ほどの現象は、遺伝的に男性あるいは女性だからであり、年頃にまで成長すれば自然に性別にしたがってそれらしくなるということになります。

　一方、環境の要因とは、発達が人の置かれた環境に依存し（環境説）、生まれてからの経験の繰り返しにより決定される（学習説）という考え方です。これらも、環境が経験を与えると考えられますから、まとめて**環境・学習説**とよぶことにします。これも古くはロック（J. Locke）の「人は何も書かれていない白板のような状態で生まれてくる」という考え方に見られます。この説によれば、私たちが男らしくあるいは女らしくなるという現象は、親や仲間といった周囲から性別にしたがったふるまいを教えられたり期待されたりして、それにしたがったからだということになります。

当初、教育学や発達心理学ではこれら2つの要因のうち、どちらか一方が発達に決定的な影響を与えるのではないかと、対立的に考えられていました。といいますのも、子どもを教育する際には、どちらの説が正しいのかによって教育の方針が異なってくるからです。もし遺伝説・成熟説が正しければ、教育は発達の時間軸上で教育にもっとも適切な時期、つまり**レディネス**（readiness：心身の準備状態のこと）の完成時期を知り、それに合わせることが重要になります。

逆に環境説・学習説が正しければ、教育は最適の教材や学習プログラムを作成し、それを効率良く実施することが重要になるからです。残念ながら、いまだにどちらの説が正しいのかについての決定的な証拠は得られていないのが本当ですが、以下にそれぞれの説を支持する研究をあげてみます。

1.2 遺伝・成熟説の根拠

遺伝説では、古いところで19世紀のイギリスの遺伝学者であったゴールトン（F. Golton）による「家系分析」という研究があります。要するに、遺伝説が正しいなら優れた業績をあげた人物の家系には他にも優れた人物が含まれているに違いないという単純な発想です。実際、彼は科学、芸術、政治、軍事などの分野で傑出した人物を取り上げ、その家系を調べました。たとえば音楽家のバッハ（J. S. Bach）の家系には優れた音楽家が輩出されていますし、進化生物学者のダーウィンの家系もそうです。逆に、犯罪者の家系を調べた他の研究でもやはり一族に犯罪者の輩出が見られました。この研究方法は確かに遺伝的要素の重要性を考えさせる一方で、すぐに気づくような欠点があります。つまり、優れた人物の家系には、その人物が出るにふさわしい恵まれた環境も一緒にあった可能性が高いことです。

犯罪者の家庭を考えると同じことがいえます。このように単に家系を調べるだけでは遺伝と環境の影響を分離できません。

遺伝説を支持するより確かな研究方法に**双生児法**というのがあります。これは、一卵性双生児が遺伝的には同じ（遺伝子が同じ）である点を利用します。ある特徴について一卵性双生児間にどのような差があるかを、二卵性双生児間の差や兄弟間の差あるいは一卵性双生児を別々に育てた場合に生じる差と比較する研究です。**ジェンセン**（A. R. Jensen）は一卵性双生児間の知能の類似度を研究しました。知能指数でみた場合、もし知能が遺伝のみにより決定されるのであれば、一卵性双生児間の知能指数の相関係数は 1.00（0 から 1 までの数値で 2 変数間の関係の強さを表します。0.00 なら変数どうしは無関係で、1.00 に近づくほど強い関係があることを示します）であり、同じ家庭で育てられても遺伝的関係がまったくない養子間の相関係数は 0.00 でなくてはいけません。しかし、結果は一卵性双生児が同じ家庭で育てられた場合（同育）でも相関係数は 0.84 でした。また、一方が生家で育てられ、他方が養子に出された場合（別育）は 0.75 になりました。そして、本来遺伝的にはまったく無関係であるはずの養子間の知能指数の相関係数は 0.24 となりました。知能に関しては環境の影響がないとはいえませんが、遺伝的影響が強いという結果がでます。この方法は優れていますが、比較できる都合のよい双生児数が少ないこと、比較するために数値化しやすい適当な指標（たとえば知能指数）が少ないこと、また、養子の場合は生家と比較的類似した環境の家庭にもらわれるため厳密な比較ができないなどの欠点があります。

成熟説に関しては、アメリカの心理学者**ゲゼル**（A. Gesell）とトンプソンが双生児法を用いて行った有名な実験研究があります。その研究では、ある課題を一卵性双生児に与えて訓練し、

両人が課題完成までに要する時間を比較したのです。一卵性双生児は同程度の能力を持っていると仮定できますから、同じ課題を同時期に与えれば完成までには同じくらいの練習時間を必要とすると考えられます。そこで、実験では双生児の片方にのみ課題の訓練を行い、その間もう一方の双生児は成熟するままにしておきました。そして一方の訓練が終了し課題が完成したころに同じ課題をもう一方の双生児にも与えるという時間差を設定したのです。もし発達が成熟によって大きく影響されるならば、課題の完成には充分に成熟したほうが有利となり、課題達成に要する時間は短くてすむはずです。一方、発達が学習により影響されるならば、課題を完成するまでに要する時間は両者の成熟の差にかかわらず同じ程度の長さになるはずです。

ゲゼルとトンプソンは一卵性双生児（女児でTとC）を被験者として、両者がまだ直立歩行できないハイハイ状態の生後46週のときに**階段登り**という訓練課題を与えました（図1.2参照）。実験は上のベッドまでの階段を5段ほど登ることですが、一卵性双生児の一方のTのみを訓練するという形で始められました。毎日10分間ずつの訓練を6週間した時点で、Tは26秒

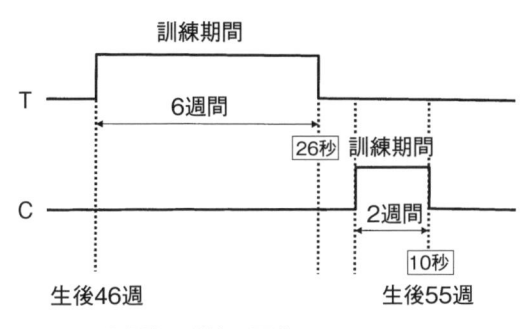

図1.2 ゲゼルの階段登り訓練の図式

で登れるようになりました。その時点からもう1週間遅れて、一方のCに訓練が開始されました。すると、Cはわずか2週間の訓練後に10秒で登れるようになりました。そして、その後の79週目の定期テストでは両者に差は見られませんでした。TとCが一卵性双生児で同程度の能力を持っているにもかかわらずCの訓練期間がTの$\frac{1}{3}$の期間で完成した事実に対し、ゲゼルはTの訓練中にCの成熟が進んだ結果だと主張しました。

その後、この研究結果は多くの類似した実験により確かめられたため、一時は、発達において成熟説が断然優位と考えられるようになりました（成熟優位説）。しかし、現在ではいくつかの批判がなされています。その最大のものは、一卵性双生児の一方が訓練を受けていた期間中に、もう一方は本当に学習の機会がまったくなかったのか、という疑いです。言い換えるなら、日常生活で訓練らしきものをまったく受けなかったという保証がない点です。たとえばCは、階段登りの訓練こそ受けなかったものの、もしかしたら日常生活でソファや母親の膝によじ登るなどの類似経験を自然にしていたかもしれません。この疑いを晴らすためには、たとえばTの訓練期間中すべてにわたりCの行動の自由を奪い続けて、学習のいかなる機会も与えずに比較しなくてはなりませんが、これは非人道的で不可能です。したがって、この成熟説はしばらくの間、覆す決定的な証拠がなく優位を保ち続けました。

1.3 環境・学習説の根拠

発達における環境と学習の影響を知るには、それらが子どもに与えられなかったらどうなるかを考えてみるのも良い方法です。子どもから人間的環境と学習経験を奪い去ってみれば、人は人間になることができるのでしょうか。このような非人間的

図 1.3　Kamala（？〜 1929/11/14）と Amala（？〜 1921/9/21）

な環境においてもなお人として育つならば、人の発達は遺伝と成熟の力に他ならないといえますし、逆に人として育たないなら環境と学習の力が必要不可欠といえます。当然のことながら、子どもから人間的環境を剥奪するなどという人倫に反する実験は絶対に行ってはならないのですが、このような非人間的環境に偶然陥って子どもが育った例がないことはありません。また、動物を実験的にそのような環境下に置いて観察した研究なら存在します。

その1つが**野生児**の観察記録です。野生児とは人による養育がまったく（あるいはほとんど）なくて育った子どものことで、現在まで数例が報告されています。とくに有名な野生児の例は、1800年に南フランスのアヴェロンで発見されたヴィクトール（男児）と1920年にインドのカルカッタ南西では発見されたカ

1章　発達の理論

マラとアマラ（女児）ですし（図1.3参照）、このほか現在でも部屋に閉じ込められて育った子ども（クローゼットチャイルドとよばれることがあります）の例もあります。この子どもたちはそれぞれ発見後に大人たちによって保護、養育され、その際の観察記録が残されています。それによりますと、発見されたときは言葉が話せない、感情に乏しく表情がない、人を嫌うなどの特徴が共通して見られます。発見後の養育でも、言葉の発達はなかなか取り戻せず、せいぜい単語の理解や2語文程度で、直立歩行も可能ではありましたが習慣化されるにはいたらなかったといえます。このような野生児の例を見ると、人の発達には人間的環境と経験が大きく関与すると考えられます。

　ただし、野生児はもともと発達障害である精神遅滞や自閉症であったために親によって遺棄された子どもたちではなかったか、という批判があります。精神遅滞や自閉症児の子どもは対人的コミュニケーションに困難を示しますから、そのために言葉が話せなかったということになります。すべての野生児が発達障害児であったとは考えられませんが、野生児そのものが偶然による発見でしかなく、以前の研究では系統的な観察が精密になされていることは少ないのです。また、クローゼットチャイルドは別としても自然界で人間の子どもが何の庇護を受けることもなく生存可能かという疑問を考えると、野生児という存在そのものが作り話ではないかという指摘もあります。

　そこで、動物を生後すぐに親から離して、人の手によって養育し（これを**社会的剥奪**といいます）、再び仲間のもとに帰したらどのようになるのでしょうか。動物とはいえ偶然の結果に頼らざるを得ない野生児の例と異なり、環境の影響力を系統的に観察することが可能になります。

　この実験観察を行ったのはアメリカの心理学者のハーロー

(H. F. Harlow)ですが、彼らは赤毛ザルの子どもたちを親ザルや仲間のサルから隔離して人間の手で養育し、一定の隔離期間後に仲間のサルのところに戻して行動を観察しました。その隔離期間は3カ月、6カ月、12カ月の3グループを設定しました。その結果、隔離期間の長さにかかわらずすべてのサルが仲間と一緒にされた直後には恐怖でうずくまるなどの反応を示しますが、もっとも短い3カ月の隔離後に戻された子ザルはすぐにサル仲間と打ち解け、その後の行動になんら支障も見られませんでした。しかし、6カ月の隔離後に戻された子ザルは他の仲間から離れ自分1匹で遊ぶ、他のサルからいじめられても反撃することができない、などの行動が見られました。そして、12カ月隔離されていたサルは、遊びもせず、極端に感情の表出が見られなかったし、成熟しても性的な行動が欠如していたと報告されています。このことから、ハーローらは生後6カ月以上の社会的剥奪は取り戻せないほどの行動の障害を残すといっています。これは動物実験の結果ではありますが、人の発達にも同様な類推ができ、人間的環境と経験の重要さを示唆します。

1.4 両要因の関連について

発達の規定要因が遺伝・成熟か環境・学習かというように対立的に考えると、それぞれが一長一短の根拠を持っていることがわかります。したがいまして、今日では発達がどちらか一方の要因によって決定されるという考え方は極端であり、そのような対立的なとらえ方では発達をとらえることはできないとされています。むしろ、その両方の要因が発達には作用すると考えることが妥当ということです。すると、発達への両説の係わりはどのように考えたらよいのでしょうか。

その係わり合い方について述べますと、古くは、シュテルン

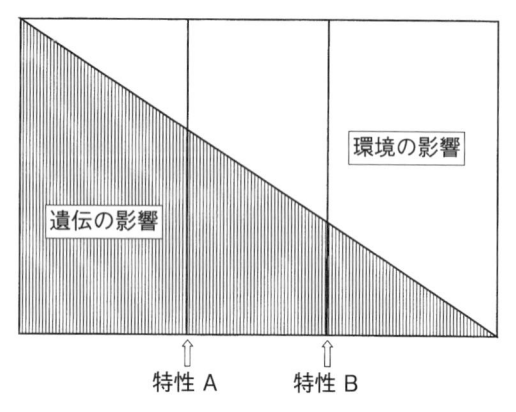

図1.4 加算説
それぞれの特性は遺伝と環境の和として出現すると考えます。特性Aでは遺伝の影響が多く、特性Bでは環境の影響が多くなると考えます。

(W. Stern) の**輻輳説**(輻輳とは車線が中央に集まるという意味)とよばれるものがあります。彼によると、遺伝と環境は協力し合い、いわば、遺伝も環境もともに分かちがたく働くという考え方です。後にこの説は、ルクセンブルガーによって「遺伝も環境も」足し算的に作用するという考えになりました。(図1.4参照) 輻輳説は、遺伝と環境を対立的に考えること自体に意味がないことを示してはいますが、いわば折衷案であり、理論的展開のあるものではありませんでした。

近年、遺伝と環境の係わりについて、より発展性のある方向が示されてきました。たとえば生物学者のワディントンは「水路づけ」という概念で、遺伝と環境が私たちの特性(たとえばその人の身長、足の速さ、知能、学力、芸術の才能など)ごとに異なった作用をおよぼす可能性を示しています。たとえば言葉を話すという特性は生まれた場所が英国であろうと日本であ

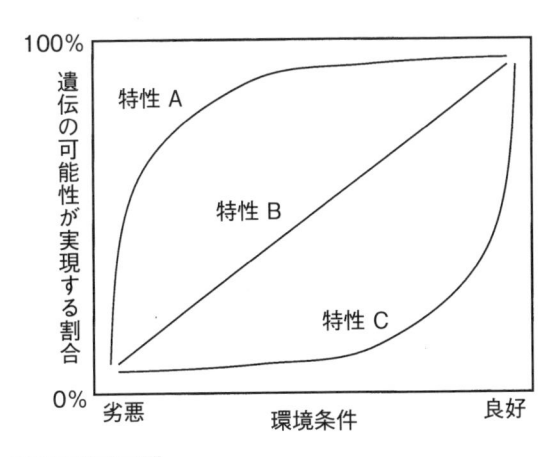

図1.5 環境閾値説の図
 特性Aは多少劣悪な環境条件のもとでも充分に遺伝の可能性が発現しますが、特性Cが充分に遺伝的可能性を発現するにはかなり豊かな環境条件を必要とすると考えます。

ろうと環境に係わりなく発現しますが、この場合の言語獲得という特性は遺伝によって深く水路づけられていると主張しています。このような考え方をモデル論的に示したのは先に双生児法の説明で述べましたジェンセンです。彼は、人がある特性について、どんなに遺伝的に優れた可能性を持って生まれたにせよ、その可能性が100％発揮されるためには、ある一定限度(これを閾値とよびました)以上の環境が整えられねばならないと考えました。この環境の閾値は、それぞれの特性ごとに異なるとジェンセンは考え、たとえば身長や足の速さなどは栄養条件などそこそこの環境があれば本来の遺伝的能力が充分発現するだろうし(閾値が低い)、逆に芸術の才能などはどんなに遺伝的に優秀であろうとも、環境も充分に豊かでなければ現れない(閾値が高い)と考えました。このように遺伝と環境が相互に

作用し合うという彼の説を**環境閾値説**といいます(図1.5参照)。これは私たちの日常生活において、知能はなんとなく生まれつきみたいだとか、学力は勉強できる環境次第だとか、生まれつきの才能があっても楽器は幼いときから良い先生についたほうが良い、などの経験的感覚に一致する点があります。

　この説はそれぞれの特性ごとに精密に検証されてはいないのが残念ですが、遺伝と環境の関係について魅力あるモデルと考えられています。

　現在、遺伝と環境の問題は**進化心理学**という心理学の新たな領域で検討されつつあります。元来、進化心理学の基本となった進化論では、生物は「生存と繁殖」という目的に沿うように進化してきたと考えます。進化心理学では、人間も人類が生まれてきた環境のなかで生存と繁殖を最大限達成できるように進化し、そのための行動特性を代々遺伝的に受け継いでいると考えます。いわば生存と繁殖に有利に働くような心的モジュールが生まれながらに組み込まれていると考えるのです。この観点は人類学や脳科学などの成果を取り入れつつ現在急速に発展しつつあります(カートライト 2001)。

2．発達の段階理論

　発達は一生にわたる心身の変化の過程であると述べましたが、それはランダムに進行するものではなく、ある特定の時期に質的な変化を伴いつつ変化することが知られています。このため、発達を質的な段階、つまり**発達段階**ごとに区分して、それらの段階に特有のメカニズムを明らかにしようとする試みがなされてきました。ここで代表的な発達段階説を述べてみます。それぞれの理論は、たとえば知性、人格、情緒、社会性など特定の

心理的領域の発達について説明することが多いのですが、それぞれの領域で、1つの発達段階はその時期に達成されるべき行動（これを**発達課題**といいますが）が存在し、それを無事遂行しつつ人は次の発達段階に進むことが仮定されています。

2.1 フロイトの心理性的発達理論と人格発達

発達を段階的にとらえようとした理論の中でもっとも古いものは、オーストリアの精神科医であった**フロイト**（S. Freud 1856～1939）の発達理論で心理性的発達理論（Psychosexual Theory）とよばれています。彼は、ヒステリーやノイローゼを治療する目的で心のメカニズムを考え、そして世界で最初に精神分析療法という心の治療理論を構築した人物です。詳しくは後のカウンセリング理論の章で述べますが、フロイトは精神分析理論において心についてのいくつかの重要で基本的な認識を述べました。たとえば、心が意識と無意識に大別されるという彼の認識はよく知られています。その認識の1つに「リビドー論」というものがあります。リビドーとは一種の本能的なエネルギーで、フロイトはとくに性的欲望を念頭に置きました。このリビドーはいわば生存のための基本的エネルギー源のようなもので、欲望を充足させるため人生で様々な形に変形されて出現するという「汎性欲論」を考えています。そしてフロイトはリビドーが子どものときから現れ、性的欲望の充足の経験が後の人格の発達に影響を与えるという、独自の発達理論を考えました。ただし、大人の性的欲望は性器による異性との性行為によって充足されます（異性愛）が、子どもの性的充足は大人の場合と異なり、自分自身の体で快感を感じる部位の刺激により得られる（自体愛）と考えました。フロイトは性的な快感を得る部位が体の粘膜部分ごとに変移し、心の発達もそれに伴う

と考えたのです。フロイトによる発達段階は以下の5段階です。

第1段階は**口唇期**（0〜1歳）とよばれ、この時期に子どもは唇で吸うことにより快感を得ようとします。乳首や指を盛んに吸ったりしゃぶったりしますが、この快感が充分に満足されれば人は次の段階へと進みます。もし、充分に満足が得られなければ、この時期への固着が生じ、性格的には受動性、依存性や甘えが強くなると考えました。

第2段階は**肛門期**（1〜3歳）とよばれる段階です。この時期に子どもは自分で排泄のコントロールができるように訓練されます。したがって、子どもは便を溜めたり、排出したりすることで快感を得ると考えました。もし、この時期に便をきちんと排泄することに快感を覚えれば几帳面な性格ができますが、過度な排便の訓練は潔癖症を生むと考えました。また、便を溜め込むことに快感を覚えすぎれば頑固さが生じると考えました。

第3段階は**男根期**（3〜6歳）です。この時期になると男の子も女の子も性の違い、とくに性器が異なることに気づき、興味を覚えます。フロイトがなぜこの時期を男根、つまり男性のペニスにちなんだ名前にしたかというと、この時期の男の子の心には**エディプス・コンプレックス**と彼が名づけた、ある特有の変化が生じるからです。エディプスというのは昔、ギリシャのソポクレスにより書かれた悲劇の主人公の名前ですが、その作品にはエディプスによる母親との近親相姦が描かれています。フロイトは男根期の男の子には自分の母親を自分のものにしたいという欲求が生じると考えました。しかし、母親は父親のものであるため、自分はいつか罰を受けるのではないかという恐れが生じ、その恐怖を克服するために自分が父親のようになろうとし、父親と同じだと思い込み、父親のようにふるまおうとする（父親を同一視する）と考えました。エディプス・コンプ

レックスは男の子に特有であるとフロイトは考えましたが、女の子にも生じて不思議ではありません。娘が父親を得ようとして自分と母親を同一視することであり、弟子のユング（C. Jung）によりエレクトラ・コンプレックスと命名されました。このように、エディプス・コンプレックス（あるいはエレクトラ・コンプレックス）は、子どもが乳児期に世話をしてくれる母親に愛着を示していたのが、次第に異性の親に愛着を示し、その結果として「男らしさ」「女らしさ」を獲得してゆくようになるプロセスを説明しています。

第4段階は、**潜伏期**（7〜12歳）とよばれ、エディプス・コンプレックス（あるいはエレクトラ・コンプレックス）が解決されるとともに表面的には自体愛的な性衝動が消える時期で、いわば小学生の頃です。エディプス・コンプレックスは異性の親を同一視して自分に取り込むことにより解決されてゆきますが、この際に親の持つ道徳や価値観などの規範も取り込まれてゆきます。そのために子どもは性的な関心が忘れられ、学業や友人関係などに関心が向くと考えました。

第5段階は、身体的な成熟に伴い本来の性衝動が生じ始める思春期頃からで、これを**性器期**（13歳くらいより）とフロイトはよびました。これまで自分の身体の各部に向けられていたリビドーが性器を中心に統合され、異性愛を中心とする性器欲求が出現します。それは単に生物的な性行動のみではなく、お互いの人格認め合う対人的な関係へと向かうと考えました。

現在ではフロイトの発達理論は、多くの点で見直しがなされています。とくにフロイトがリビドーとして性的な欲望に重点を置きすぎたことです。弟子のユングはリビドーを人の本能的欲求として総括的にとらえていますし、現在では、人格の発達はより環境的、文化的影響を受けると考えられています。また、

すべてが無意識に生じるのではなく、より意識的で認知的側面の影響により生じると考えられています。しかしながら彼の理論は、無意識という心の側面を仮定して、人格発達における幼児期の経験と家族の関係の重要性を最初に着目しました。それが段階的に発達するという考えを導入して、後の研究に多くの刺激を与えた点は高く評価されています。

2.2 青年期研究とエリクソンの発達理論

　青年期は身体的にも社会的にも大きな変化にみまわれる時期であり、「子どもから大人への過渡期」といわれています。この時期は人生の中でも精神的に特有な時期であると考えられ、多くの研究者の関心を集めました。まず、最初に代表的な青年期の研究を紹介し、青年の心理をエリクソン以前の研究者がどのように考えていたのかを説明します。次にエリクソンの理論を説明します。エリクソンの発達理論は青年の心理を説明する際の貴重な視座を与えてくれたのです。

(1) 青年期の研究史

　青年期の研究は、**ホール**（G. S. Hall 1844～1924）に始まるといわれます。ホールは初期のアメリカの代表的心理学者でしたが、その著書『青年期』(1904)において青年期を「**疾風怒濤**」の時代として表現しています。この言葉はドイツ・ロマン派の文学革新運動から引用したものですが、ホールは疾風怒濤という表現で青年期の激しさや動揺を記述しようとしました。彼によれば、青年は熱狂と怠惰、得意と失意、尊敬と反発、社交と孤独、愛着と冷淡というような両極端の間で、一切を肯定するか若しくは一切を否定するかのように揺れ動くとしています。ホールが表現したように青年期が混乱の時代であるという見方は現在でも支持されています。

青年期をどのような時期と見なすかについては、ホールのほかにもいくつかの記述があります。たとえばホリングワース(1928)は自著の『青年心理学』の中で青年期を「**心理的離乳**」の時期だといっています。これは乳児期の生理的離乳に対応させたもので、親や家族の監督下にあった青年が次第に独立して自分の力で生活してゆく過程を表現しています。そしてホリングワースは生理的離乳の際と同じく心理的危うさが存在するといいました。同様な表現をシュプランガー(1924)がしています。彼は青年期を「**第2の誕生**」(これはルソーのエミール第4編にある表現と同じです)としています。シュプランガーは第2の誕生とは新たな自我の目覚めであると考えています。また、レビンは子どもと大人の境界にあってどちらにも帰属していない「**境界人**」(marginal man)と表現しています。ともに、青年期が子どもの時期あるいは家族関係からの脱却を図り、新たな自分を生み出そうとする時期であることを表現しています。

　これらの青年期研究の中で、青年を実際に調査しての実証的研究がいくつか行われています。ドイツの女性研究者のビューラー(C.Bühler 1921)は76人の青年の日記の内容分析を行いました。日記の中に現れる単語や表現を分類していったのです。その結果、青年の日記に興味のある事実を発見しました。それは17歳くらいを1つの境として17歳以前と以後で日記の内容傾向に差があることです。17歳以前では感受性の高まり、興奮のしやすさ、不安、不機嫌、反抗的で乱暴、自己嫌悪に陥ったり自己閉鎖的になったりなど、全体的に否定的傾向が強いのです。ところが17歳以後では、成長力、積極性、躍動感、愛や死など抽象的思考性、人生観を求めるなど、全体として肯定的傾向が生じるのです。ビューラーはこの研究に基づいて、前半の時期を「**思春期**」、後半を「**青春期**」と名づけています。

もう1つの実証的研究は文化人類学者によって行われた研究でした。ミード（M. Mead 1928）はサモア島に約半年ほど滞在して島の青年と交流しつつ彼ら彼女らの生活を観察しました。そして著書『サモア島の青春』（Coming of Age in Samoa）の中で、サモア島の青年は西欧社会の青年に見られるような精神的な混乱や動揺がなく安定して幸福そうであると報告しました。このことは、生物としては同じ年齢にあっても文化的に異なれば青年期が生じないことを示す事実です。このミードの報告に基づき、ベネディクト（R. Benedict 1938）は青年期に対する1つの発達理論的仮説を提唱しました。それは、まずサモア島の社会は西欧社会に比較して大人と子どもが文化的に区別されない社会であるという指摘から始まります。サモア島の子どもは男女とも幼いころから、魚釣りや子守など彼らにできる範囲内での責任のある仕事を任されますし、その中で、自分が大人に服従しつつも自分より年少者へは年長者として指導してゆくという連続的な関係を持ちます。また、幼いころから性に関する事柄は隠されるものではなく生活の一部として存在し、成熟に応じて性行為を経験してゆくのです。これをベネディクトは「文化的連続」とよびました。一方、西欧社会の子どもは、子どもと大人が明確に区別された非連続の社会です。子どもは遊んでいますが大人は働きます。子どもは大人のいうことを聞くことが求められ、喫煙やお酒、選挙権など子どもの禁止事項が年齢基準として設定されています。また性に関する事柄は大人の秘密のように子どもから隠されて存在します。これを「文化的非連続」とベネディクトはよびました。そしてベネディクトの主張は、この文化的非連続性が青年期の混乱の源であるというものです。つまり、文化が非連続的であるために子どもは大人の世界へ移行する際に戸惑い、緊張し、混乱を経験する、そ

れが青年期であるという考えです。

　これらの青年期を社会学的要因によって説明しようとする一連の研究は、青年期がすべての人の人生における特有な時期ではないという結論を導きそうです。しかし、これらの研究は近年批判を受けています。フリーマン（D. Freeman 1983）はミードの調査したサモアに赴いてミードの調査に協力し資料を提供した人々に会って話を聞くなどした結果、ミードが必ずしも正しくサモアの青年を観察していない可能性を明らかにしました。フリーマンによればミードは偏った資料に基づいていることを指摘し、サモア島の青年も少なからず様々な葛藤に動揺していると報告しています。

(2) エリクソンの心理社会的発達理論

　アメリカの心理学者**エリクソン**（E. H. Erikson 1902～94）はフロイトの段階的発達の観点に立ちつつも、フロイトのように性的欲望とその充足が人格発達をもたらすとは考えませんでした。エリクソンは、人格発達が親、家族あるいは他人との人間的な係わり合い、つまり人と社会との相互作用により促進されると考えたのです。これをエリクソンの**心理社会的発達理論**（Psychosocial Theory）とよんでいますが、彼は人と社会との相互作用の変化に応じて発達を8つの段階に分けました。エリクソンはフロイトと同じように、それぞれの発達段階では段階ごとに解決されるべき心理的課題（葛藤）があり、その課題解決が上手くゆけば次の発達段階へ進めることを示しています。以下に発達段階を順次説明しますが、第1段階から第3段階くらいまでは社会的相互作用の主体が親や家族との係わり合いとなっています。第4段階から第5段階は親しい他人との付き合いが主体となりますし、第6段階からは自分の家族や社会が主体となります。

第1段階は（0歳から生後1歳半くらい）、「**信頼 対 不信**」(Trust vs. Mistrust) の時期です。この時期に人が充分な母性的養育を受けて育てられるならば、人は環境へ安心感や信頼感を得ることができますが、そうでなければ恐れや不信感を得る、とエリクソンは考えました。

　第2段階は（1歳半から3歳くらい）「**自律 対 疑惑**」(Autonomy vs. Self-doubt) の時期です。人は2歳くらいになると、手足を自由に使えるようになり、自分の意思で動き回ったり、周囲に働きかけたりすることができるようになりますが、一方で、大半の文化ではこの時期にトイレット訓練や基本的なマナー、しつけなどがなされます。子どもを、いわば自分の勝手にはさせないで統制しようとする訓練がおだやかで適切になされるならば、子どもには自律や自信が生み出されますが、逆に硬く厳しすぎるやり方では羞恥心や疑いの心が生じるといえます。

　第3段階は（3歳から6歳くらい）「**自発性 対 罪悪感**」(Initiative vs. Guilt) の時期です。子どもの活動は知的にも運動的にも活発になってきます。言葉は流暢になり多方面に好奇心が増大し、自在に動き回ります。この時期に、子どもに自分のおもちゃやペットあるいは簡単なお手伝いに対する責任を持たせることは子どもに積極性や自発性を育てることになりますが、逆に重すぎる責任や罰は罪悪感を育てるといいます。

　第4段階は（6歳から11歳くらい）、「**勤勉 対 劣等感**」(Competence vs. Inferiority) の時期です。大半の文化圏では子どもは小学生です。子どもは多様な勉学活動と友人関係により知識、技術を学び、勤勉に努力することで達成感を得ますが、一方で失敗による劣等感が芽生える時期でもあります。

　第5段階は（思春期、青年期）、「**自我同一性獲得 対 自我同**

一性拡散」(Identity vs. Role confusion) の時期です。この時期に青年は、今までの子どもの体つきが成人の体格へと大きく変貌しますし、行動も子どものときと同じような態度を取り続ければ周囲から非難されるようになり始めます。このことが契機となり、青年は現在の自分を子ども時代とは異なって大人の仕様にさせる必要性を感じ始めます。そうしますと、人は自分に何ができるか、どう生きてゆけばよいか、どのような友人、異性、職業が自分に適しているのかなどについて知るための模索を始めます。つまり「自分とは何か」という問を発し、その答えを見出そうとするのです。よくいわれる「自分探し」ということです。エリクソンは、この模索を通じて得られる「自分とは何か」への自分なりの答え、つまり、本当に自分らしいと感じられる自分を**自我同一性**(Self Identity)とよびました。

　青年はこの自我同一性を得るため、古い従来の価値観や子ども時代の自分を否定しようとします。青年が反抗的であるのはこのためだともいえます。また、様々に自分の可能性を試そうとしますし、多くの異なった視点から自分を見つめようとします。これを「役割実験」とよびましたが、このように多様で一途な努力の末に自我同一性は得られるとエリクソンは考えました。ただし、これらの模索には時間がかかり数年を要することも多々あります。そこで、自我同一性を得るまでの模索の期間を**モラトリアム**(moratorium：本来は経済用語で返済猶予という意味)とよんでいます。モラトリアムの期間に人は時間をかけて大人の階段を昇ってゆくのです。

　エリクソンによれば、模索の努力の結果として自我同一性を獲得できれば人は次の発達段階へ進むことができますが、失敗することもあります。その失敗をエリクソンは類型化して示しました。

1つは「**早期完了**」とよばれるものです。自我同一性獲得への努力をせずに周囲、とくに両親や親族の価値観や考えをそのまま自分のものとして受け入れてしまうことです。模索を続けて、その結果として両親の価値観と同じになったのではなく、疑いや否定もなく初めから周囲の価値観と同一化してしまうことといえます。たとえば家が代々医者だから自分も医者になるのが当前と決めつけることです。もともと自分で納得し決定したことではありませんから、生きていくうえで生じる些細な挫折に耐える力などが弱くなることが考えられます。

もう1つは、「**自我同一性拡散**」です。これは同一性の獲得がいつまでもできないことです。時間をかけても自分なりの価値観や人生観が定まらないことといえますが、やがて同一性の獲得をしないまま先延ばしている状態が心地良くなることがあります。同一性を獲得するということは自分の価値観を定め、具体的な職業、異性などを選択決定できることです。このことを逆にいえば、他の選択肢や可能性を捨てる覚悟を持つということと同じです。同一性の拡散は1つの生き方や選択肢が決定できずに、いつまでも自分に与えられた可能性を可能性のままにしておきたいと願うことです。エリクソンは、このことをたとえて「バケツを水で満たそうとすることが同一性獲得とするなら、同一性の拡散とはどのような水を入れても良いように空のバケツを磨き続けて楽しむようなこと」といっています。まさに、自我同一性の獲得とは子どもが大人になる際の重要な発達課題といえます。

第6段階は（成人期）、「**親密性 対 孤独感**」(Intimacy vs. Isolation) の時期です。自我同一性の獲得により人は成人期に入りますが、この時期に人は自分に合う生き方や友人、結婚相手を得ることができ、その結果、親友との深い友情や異性との

性的な愛情など親密な充足感を得ることができます。一方、このことが上手くいかないと、儀礼的で表面的な人間付き合いのみの孤独さにさいなまれることがあります。

第7段階（中年期）は、「**生殖性 対 停滞**」(Generativity vs. Stagnation) の時期です。人生は中間点に差し掛りますが、人は職業上も家庭生活でも役割が明確で重要な位置を占めるようになります。その結果、自分の活動や関心が社会的な広がりを持ち、より生産的で指導的になり未来志向性を持つようになりますが、もし、それらに関心を持たなければ、自分に興味のある世界のみに留まり停滞感を感じるようになるといえます。

第8段階（老年期）は「**完全性 対 絶望**」(Ego-integrity vs. Despair) の時期です。エリクソンによれば生涯最後の時期で、人は自分の人生を振り返るとともに、未知なる死を考え始める時期です。これまでの段階での危機を乗り越えてきた人は、人生の意味を理解し自分なりの充足感を感じますが、生涯にわたり不満足感を持ってすごした人は人生に怒りと無価値さ、そして絶望を感じると述べています。

社会的な係わり合いというものはきわめて幼い頃から人生の終わりまで継続しますから、フロイトが幼少期の経験に重点を置いた理論であることに比べ、エリクソンの理論は人の一生にわたる発達を段階的に説明するという壮大な理論といえます。そして、そのもっとも中核を占め、また多くの研究者からも一般にも知られている概念は、青年期における自我同一性です。青年期の発達課題としての自我同一性獲得という考えは青年期の心理学を大いに進展させましたし、青年期の様々な心の問題を解くための鍵を与えたといえます。

2.3 ボウルビィーの愛着理論と対人関係の発達

 20世紀初めのころ、欧米の小児科医たちの関心を集めていた重大問題がありました。それは母親から離されて乳児院で育てられる子どもたちに異常な高さの死亡率、身体の発育不全、情緒障害が生じることでした。それらの施設では、栄養や医療、衛生の面で充分すぎるほどの管理を行っても、なかなか状態が改善しませんでした。はなはだしい場合には死亡率が75％にもおよぶ施設もあったといいます。これらの現象は**ホスピタリズム**（hospitalism：施設病）とよばれましたが、次第に、その原因が食物や医療、衛生ではなく、収容されている子どもと養育者（看護者）との間に暖かく親密な接触が不足しているからではないかと考えられるようになりました。当時の乳児院は明るく清潔ではありましたが、部屋は一色で統一されて変化に乏しく、どんなに子どもたちが泣こうとミルクやオムツの交換は決められた時間に一斉に行われることが普通だったのです。そこで、できるだけ子どもを抱いたり触れたりする機会を増やしたり、あるいは一般家庭に里子として預けてみると、数年で死亡率は十数パーセントまで減少し、身体的発育不良も改善の方向に向かいました。

 子どもに頻繁に触れ、話しかけ、抱いたりするなどの母性的養育の欠如が施設病の原因だとすれば、乳児院の子どもに限らず、母子の間の関係が密接でない一般の家庭でも同じような問題が生じるに違いありません。第2次世界大戦後、世界中に孤児が増加したことも手伝い、母性的養育の本質に関する心理学的研究が進められることになりました。つまり母性的養育は何を形成するのか、という問題です。

 この研究で先駆的な役割を果たしたのはイギリスの精神分析

医の**ボウルビィー**（J. Bowlby 1907～90）でした。彼は、母性的養育が幸福感と安心感を伴う情緒的な状態を子どもの心に形成すると考えました。いわば心の絆のような繋がりであり、これを「**愛着**（attachment）」とよびました。子どもを養育する際には、子どもが自分の欲求を泣き声で訴えると、母親はそれに敏感に応えて世話をやきます。手を伸ばせば母親は握り返したり、微笑みます。このように子どもが母親を求め、それに母親が応答するといった相互作用の積み重ねにより愛着が成立するとボウルビィーは考えたのです。ボウルビィー以前の考え方では、母親の授乳により子どもの飢餓感が低減することで母子関係は形成されるという考え方（これを動因低減説といいます）や、あるいはフロイトの口唇期で説明したように子どもが母親の乳首を吸うという経験により要求を充足されて母子関係が成立するという考え方でした。ボウルビィーの「愛着」は食べ物とは直接的に関連しない、いわば母親と子との情緒的関係であり、それが母子関係の基礎であるという斬新な概念でした。

　この愛着の存在は心理学者 **ハーロー**（H. F. Harlow）のサルを用いた実験によっても示されました。彼は赤毛ザルの子どもを母ザルから隔離して育て子ザルの行動を観察するという方法をとりました。これを**母性剝奪実験**といいますが、その際、子ザルに2種類の代理母を与えました。一方は、哺乳ビンがついていて授乳が可能ですが全身が針金でできたサルの模型（ハードマザー）です。もう一方は、哺乳ビンは装着されていませんが全体を柔らかいタオル生地で覆ったサルの模型（ソフトマザー）でした（図1.6参照）。子ザルはどちらの代理母を好むか、つまり、どちらの代理母と一緒にいるのを選ぶかについて観察されました。結果として、子ザルがソフトマザーと一緒にすごす時間は24時間のうち18時間でした。そして空腹のときだけ

図 1.6　ハードマザーとソフトマザーの模式図

ハードマザーによじ登ってミルクを飲み、満腹になると再びソフトマザーのところに帰るという過し方でした。極端な場合、子ザルはソフトマザーにしがみついたままハードマザーの哺乳ビンに首を伸ばそうとするほどだったといいます。また、子ザルがたまたまソフトマザーから離れて一匹でいるときに、小ダイコを叩いて音を鳴らす熊の人形を入れてみますと、驚いた子ザルはソフトマザーのところに飛びついてしがみつき離れようとしませんでした。これらは動物実験の結果ですが、決して母乳を与えることのみで母子関係は築かれるのではないことがよく示されていますし、人でもスキンシップなどによる愛着の形成が重要であることを示唆するといえます。

　その後、ボウルビィーの考えは共同研究者のエインズワース（M. D. S. Ainsworth）により、さらに発展しました。彼らは愛着の形成を 4 段階に分けて考えています。

　第 1 段階は、生後 3 カ月くらいまでで、この時期の子どもは

誰にでも見境なく微笑みます。

第2段階は、生後3カ月をすぎて6カ月くらいまでの間で、この時期に自分をもっとも養育してくれる人(大半は母親)に選択的に愛着を形成し始めます。とくに、6カ月くらいでは愛着を形成しつつある人間以外は怖がる反応が見られます。いわゆる「人見知り」の現象で、父親でさえ、あまり見慣れないと泣き出すことがあります。

第3段階は6カ月から2、3歳くらいまでの時期で、本格的な愛着形成の時期です。1歳ころになると子どもは少しずつ母親のもとを離れて、自分で周囲の興味を引く対象に近づいてみたりするような探索行動を始めます。この探索行動は母親と二人きりのときは盛んに行われますが、そばに母親以外の人がいると抑制されます。子どもは母親と一緒にいることの安心感を基にしていますので、エインズワースは子どもが母親を「安全基地」としてとらえると考えています。

第4段階は3歳以上ですが、子どもは次第に母親の姿が見えなくても平気になります。安全基地としての母親との関係が定着しますと、それにより子どもはより自由で、長時間におよぶ、広い範囲の探索行動ができるようになります。その結果、子どもは保育園や幼稚園など母親圏外で時間をすごすことが可能になります。やがて、小学校に上がり学童期になりますと、数人の仲の良い友人同士が集まり、その仲間独自のルールを決めたり秘密を共有したりして集団としてすごせるような時期(まるでギャングのように徒党を組むという意味から**ギャングエイジ**とよばれます)を迎えていきます。

上述したように愛着理論では、最初の愛着形成がその後の対人関係のあり方を形成すると考えています。母親を安全基地とできるような愛着の形成は、その後自分の家族や周囲の人々、

友人たちも次々に愛着の対象として行き、安定して健全な対人関係を形成すると考えます。逆に、養育者に安定した愛着を形成できなかった子どもは、母親から一時でも離れることに極端な不安を感じてつねに後を追いかけようとしたり（不安性愛着）、あるいは親に愛されていないという確信が生じ、その結果、つねに親を拒絶したりするようになると考えられています。このように愛着理論は、子どもの母子関係からその後の対人関係、情緒の発達までを説明する理論として発展しています。

ボウルビィーは人生の初期における愛着の形成不全は子どもの社会性を奪い、情緒の発達、知性の発達に長期にわたり影響をおよぼし、しかも失われた愛着を再形成することはできないとする非可逆性を考えていました。しかしながら、愛着の影響のみを長期にわたり観察することは困難であり、人間を用いての実験的な検証も行うことが不可能です。今日ではボウルビィーが考えたほどには非可逆性はないといわれています。

2.4 ピアジェの認知発達理論

ものごとの理解、判断、推理、あるいは問題を解決したりするといった能力は人の最大の特徴ですが、これらの認知機能や知性はどのように発達するのでしょうか。認知能力の発達的研究を独自の方法で大きく進歩させたのはスイスの心理学者の**ピアジェ**（J. Piajet 1896～1980）でした。彼は早くも十代のころから自然観察の並外れた天分を示しましたが、長じて知能テストに関する研究をしているとき、多くの子どもの誤答には特徴があること、すなわち間違いのパターンの存在に気づきました。そしてピアジェは、その間違いが問題の練習不足のせいではなく、子どもが大人とはまったく異なる思考過程をしているからではないか、と考えるようになりました。ピアジェによる認知

過程の発達的研究は、自分の3人の子どもを詳細に観察し、彼らに対しユニークな実験を行うことで次第に理論化されてゆきました。

ピアジェは、「**シェマ**（schema：仏語）」の形成こそが思考の本質であると考えました。シェマ（英語ではスキーマ）とは図式、様式という意味ですが、単純にいえば理解や行動のための概念図あるいは見取り図のようなものです。

大人は経験から外界の事象についてのシェマをすでに形成しているため、実際に初めての対象や経験であっても、それを理解し対処することができます。たとえば、鳥のワシを初めて目にした場合でも、その巨大さにかかわらずそれが鳥の一種であり、決してグライダーなどではないとすぐに認識できますが、これは鳥のシェマがすでに形成されているからです。また、初めて赤ん坊を抱くときも、どのように抱けば良いか、おおよその見当を持っています。これは壊れやすいものの扱いについてのシェマができているからです。

シェマの形成は**同化**と**調節**という二種の作用により進行するとピアジェは考えました。ここで「鳥」のシェマの形成を例に考えて見ます。スズメやツバメやカラスを鳥だと教えられますと、鳥に関する初期的なイメージがシェマとして成立します。やがて、初めてワシを見たとき、その大きさにもかかわらず最初の鳥のシェマから著しく異ならないためにワシは鳥だと認識できます。このように、すでに有しているシェマを用いて新たな事象を解釈することを「同化」といいます。もし、初めてペンギンを見たらどうでしょうか。それまでの鳥とは大きく異なり飛べない上に水中を泳ぎますので、ペンギンを鳥だと解釈するにはそれまでの鳥のシェマを変更する必要があります。このように新たな情報を取り込んで以前のシェマを整合性があるよ

うに修正することを「調節」といいます（コウモリが鳥ではないと教えられたときのことを思い出してください）。調節によって鳥のシェマは拡張され、より普遍性のあるシェマになります。その後ダチョウを見ても、鳥という認識は容易にできるようになります。

　同化と調節の働きによりシェマは生後すぐから形成され始め、次第に洗練され精密なものになるとピアジェは考えました。ただし、シェマの形成過程は連続的で滑らかなものではなく、年齢にしたがって質的に異なった段階的な変化の過程だとして全体を4つの段階に区分しました。4段階を大まかな流れで図示しますと図1.7のようになります。

第1段階　　0歳から2歳くらいまでで、**感覚・運動期**と命名されています。感覚・運動期を一言で表現するなら、まさに体で思考する時期ということができます。ピアジェは感覚運動期を6つの下位段階（1次から6次の循環反応）に細分化して説明しましたが、この時期に子どもは反射的な反応から行動の基本的なシェマを形成し、それらを自分の目的に応じて組み合わせて使用できるようになるのです。この時期の子どもは自分の目や耳、口などの感覚器と手や足を動かして、身の回りの対象に働きかけようと試みます。なんでも口に運んでしゃぶってみたり、音の出るガラガラを飽きもせず振り回したり、同じものを手にとっては何度も放り投げたりします。この反復的な運動は次第に、自分の行為とそれによってどのような変化が生じるか、いわば原因と結果についてのシェマを形成します。たとえば手を離せば物は落ちるとか、目の前から一時的に隠されても物はなくなったわけではない（これを**永続性のシェマ**といいます）などです。大人にとって簡単な手品がなぜおもしろいか考えて見ますと、それは落下してしかるべきものが浮遊してい

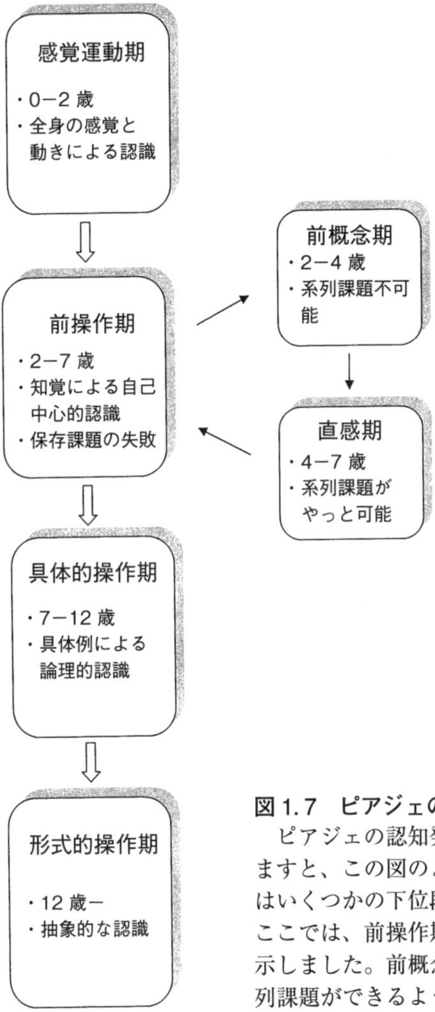

```
┌─────────────┐
│  感覚運動期  │
│・0-2歳      │
│・全身の感覚と │
│  動きによる認識│
└─────────────┘
      ⇩
┌─────────────┐         ┌─────────────┐
│   前操作期   │ ──────→ │   前概念期   │
│・2-7歳      │         │・2-4歳      │
│・知覚による自己│         │・系列課題不可 │
│  中心的認識  │         │  能         │
│・保存課題の失敗│ ←─┐    └─────────────┘
└─────────────┘    │           │
      ⇩            │           ↓
                   │    ┌─────────────┐
                   └──  │    直感期    │
                        │・4-7歳      │
                        │・系列課題が  │
                        │  やっと可能  │
                        └─────────────┘
┌─────────────┐
│  具体的操作期 │
│・7-12歳     │
│・具体例による │
│  論理的認識  │
└─────────────┘
      ⇩
┌─────────────┐
│  形式的操作期 │
│・12歳-      │
│・抽象的な認識 │
└─────────────┘
```

図1.7 ピアジェの認知発達理論図式

　ピアジェの認知発達の過程を簡単に示しますと、この図のようになります。各段階はいくつかの下位段階に分かれていますが、ここでは、前操作期の下位段階を2つほど示しました。前概念期と直感期の差は、系列課題ができるようになるかどうかです。系列課題とは1つの次元（たとえば高さ）のみで対象を並べたりすることです。直感期の子どもは何とか可能になります。

1章　発達の理論

たり、存在して当然のものが消え去ったりするという感覚運動期に得られた基本的シェマに反するからと考えられます。

第2段階　2歳から7歳くらいまでで、**前操作期**といいます。この前操作期とは、知覚（見かけ）で考える時期といえます。この前操作期には同化と調節の能力が発達し、より高度なシェマであるシンボルを作ることができ始め、感覚・運動期に見られるような実際の行為をしなくても、心の中でシンボルやイメージどうしを操作することが可能になります。この時期にママゴトや積み木を自動車や飛行機にして遊ぶという「ごっこ遊び」が見られ始めるのは、前操作期の認知能力が発達したせいです。しかしながら、その操作方法は未熟であり、自己中心性という特徴的な限界が存在します。**自己中心性**とは前操作期の子どもが自分から見た視点にのみとらわれたり、対象の外見的な属性に惑わされたりするということです。

前操作期における自己中心性の存在を、ピアジェは**三つ山課題**という巧妙な実験で示しています（図1.8参照）。その実験では子どもを1メートル四方のテーブルの一辺に座らせますが、そのテーブルの上には高さも形も異なる三つの山の粘土模型が一部重なり合いつつ置かれています。また、テーブルの他の一辺には人形が置いてあります。子どもの課題は、自分の位置に座ったままで、人形から見ればどのように山々が見えるかを答えることです。実験では人形から見える山々の風景をいくつか描いた絵の中から選択するという方法が用いられました。問題の意味が理解できるにもかかわらず、前操作期の子どもは人形から見える風景をたずねられると、自分が見ている風景と同じものを選ぶ傾向があります。

さらに、ピアジェが考案した**保存課題**という実験があります。たとえばテーブルの上に形も大きさもまったく同一の透明グラ

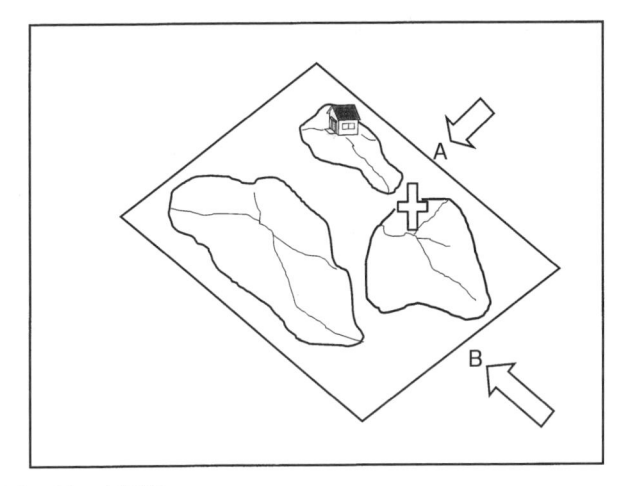

図1.8 三つ山課題
　子どもはテーブルのまわりを一周した後にAの位置に座ります。Bの位置にはお人形が置いてあります。子どもは、人形から見るとどのように景色が見えるか何枚かの絵の中から選ぶように求められます。

図1.9 「量」の保存課題の実験図式
　前操作期の子どもは容器の形が異なれば内容量も変化するととらえます。

スを2つ並べて、両方とも同じ量のミルクを注いでおきます。子どもにどちらも同量であることを確認させた後、目の前で一方のグラスのミルクを細身の背の高い透明グラスに移します（もう一方はそのままです）。そして、どちらのミルクの量が多いかをたずねますと、前操作期の子どもは背の高いグラスのミルクが多いと判断する傾向が強いのです（図1.8参照）。他にも、同形同量の粘土の塊を2つ見せて同量であること確認させ、次に一方の塊のみを子どもの目の前でつぶして平らにします。その後どちらの粘土がたくさんあるかたずねますと、子どもは平たい形の粘土がたくさんあると答えます。また、等しい長さの糸を2本見せた後に、一方を丸めてどちらが長いかを問うと、伸ばしたままの糸が長いと答えます。これらの実験結果は「保存課題の失敗」と総称されますが、原因は外見が変化しても量や長さという物理的特性は保存されたままだということが理解できず、単一次元の変化のみに注目していることから生じるとピアジェは考え、これを自己中心性の表れとよびました。

第3段階　　7歳から12歳くらいまでで、**具体的操作期**といいます。単純に表現するなら、具体物による論理的思考の時期です。この時期になると知覚を主体とした前操作期の思考が論理性を獲得して、自分以外の視点を取ることが可能になり、認知的な操作がますます発達します。その結果、保存課題の失敗は見られなくなります。またシェマ同士を系列化したり分類したり論理的な思考ができるようになります。たとえば、田中君は中村君より背が高く、中村君は山田君より背が高いなら、田中君と山田君ではどちらが背が高いか、という問題に答えることができます。しかし、この時期の論理性は具体的な事物を使用して得られることが多いという特徴があります。たとえば、小学校の算数ではリンゴやミカンといった具体物を用いて計算

が進められますし、理科では浮力を学習するために比重という概念ではなく、実際にどんなものが水に浮くかを試すことにより説明が進められます。この時期の子どもの思考は目の前の事実に即したものであり、その限界を超えることが難しいのです。

第4段階　12歳以上で、**形式的操作期**とよばれます。この時期は抽象的思考が可能になる時期です。この時期になると子どもの同化と調節の能力は大人の水準に近づいてゆきます。具体物に共通する特徴や規則性を抽出して、それらを認知的に操作し思考することが可能になりますし、仮説を立て、それを検証するための方法を組織的に考えることができるようになります。たとえばピアジェはこの時期の子どもたちが「振り子の等時性(振り子の振動数は紐の長さで決定され、重りの重量や振り子を手放す位置とは無関係)」を発見できることを示しています。中学校以上では算数が文字式を使う数学へと移行し、理科では法則や理論を中心とした内容に移行するのは、この年代で子どもが形式的操作期にいたることと無関係ではありません。

ピアジェは、子どもの思考過程が構造的に組織化されてゆくことを示し、それを基準に発達を区分しました。彼の理論は子どもが単に外部の刺激に反応するだけの存在ではなく、能動的に外部の環境を取り込み自分の世界を構成してゆく存在であることを示しています。この意味でピアジェ理論は思考過程の理論というばかりではなく発達の原理を示す理論として高く評価されています。

しかし、現在ではピアジェ理論への批判も存在します。まず、その発達段階の区分はピアジェが考えるほど強固なものではないという指摘がなされています。子どもはピアジェが考えているよりももっと早くから各段階で認知能力を発達させるようで

す。たとえば、ピアジェは感覚・運動期の子どもが永続性のシェマを獲得できるのは生後1年目の終わりころだとしています。1歳以下の子どもは永続性のシェマを獲得できていないために物を隠されればそれはなくなったと考えるはずです。ところが実際には生後3, 4カ月の子どもですら、物にカバーをかけて一時的に隠したのちに、もう一度カバーを外したときに物がなくなっていると驚きの表情を示すのです。これは明らかに対象の永続性ができていることを示すものです。同様に、前操作期の子どもは「三つ山課題」で示されたように自分以外の視点を取ることは難しいとピアジェは考えています。しかし、それなら前操作期にある5歳くらいの子どもは「隠れん坊」ができないのでしょうか．隠れん坊ではオニの視点に立たないとうまく隠れることはできません。要するにピアジェの課題は子どもの認知能力の一面を反映していますが、子どもは日常的な課

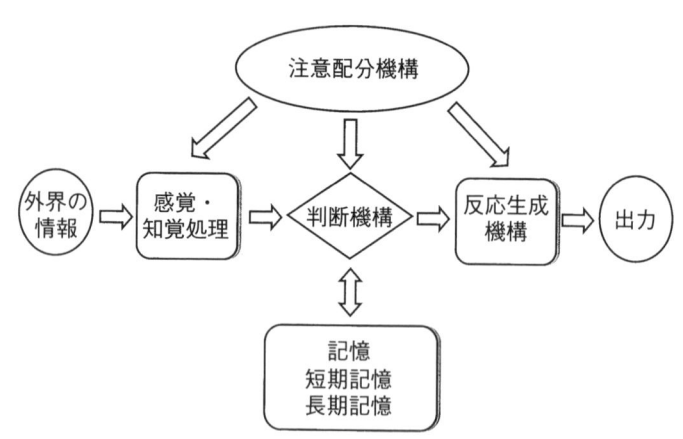

図1.10　情報処理モデルの一例
　情報処理過程のモデルは、人間の心を基本的ないくつかの機能からなる一連のフローチャートで表現します。

題でピアジェが考えたより多くの認知的課題を遂行できるという指摘です。

もう1つの批判は、批判というよりピアジェ理論の新たな展開ですが、それは1970年代より始まった情報処理的観点を認知発達に導入したことによりもたらされました。情報処理的観点とは、人の認知過程を情報の入力から出力にいたる一連の情報処理システムだと考える点に特徴があります。人の認知過程には記憶回路や情報比較回路あるいは注意配分機構などいくつかの基本的なシステムが存在し、それらが情報を処理してゆくと考えています（図1.10参照）。ピアジェは、新しいシェマの獲得や自己中心性の喪失などというような認知の構造的変化により認知発達が進行すると主張していますが、情報処理的考え方では認知の発達は記憶や注意配分という基本システムの能力が増大する結果と考えます。したがいまして子どもが課題に失敗するのは、ピアジェがいうように新たな認知構造が獲得されていないからではなく、たとえば記憶容量の不足などのように基本システムの限界によるととらえます。

これらの考え方で認知発達をとらえる研究者を新ピアジェ派とよびます。新ピアジェ派のパスカル-レオンらは、これらの観点からピアジェ理論では説明できなかった現象を解決しつつあります。

2.5 ヴィゴツキーの社会文化発達理論

先に述べたピアジェの理論では、子どもの認知は科学者が仮説と検証によって世界を知るように発達します。それは自己発見的な個体の内部における過程を主体とするものですが、一方で子どもの認知発達は周囲の文化や社会により多大な影響を受けるという指摘もできます。子どもは言語、文明、社会体制な

どが異なった多様な環境の中に誕生しますから、認知発達はそれらとの相互作用を考えなければなりません。このような考え方を提唱したのはロシアの心理学者**ヴィゴツキー**（L. Vygotsky 1896〜1934）でした。以下に彼の考え方を説明してみます。

　子どもは親、兄弟、仲間など自分を取り囲む社会から知識や技術を取り込み、その社会への参画者として成長します。ヴィゴツキーは、子どもが社会へ参加しようとする行為すなわち社会的交流が認知発達をうながすと考えました。社会的交流のなかでも、大人が子どもをその社会に適応させようと働きかけること、つまり、知識や技能が優れた親や仲間が手助けすることで、子どもの思考はさらに発達するとヴィゴツキーは考えたのです。子どもの思考は現在の能力水準のみならず、援助によりさらに伸びる可能性の水準も同時に持っていると考えました。そこで、ヴィゴツキーはこの働きかけにより伸びる発達可能性の領域を**発達の最近接領域**（zone of proximal development）とよびました。この最近接領域の中では、子どもは一人では課題を解決することができませんが、もし教師やもっと進んだ仲間が助言してくれたり理解のヒントを与えてくれたりするなら、その課題をやりとげることができます。親や教師は現在の子どもの能力水準をよく理解し、最適の方法で思考発達を刺激し引き上げることが必要と考えたのです。この最近接領域こそ教育がもっとも重要視しなくてはならないところですから、ヴィゴツキーの考えは大きな示唆に富むといえます。しかし、ピアジェと同年生まれのヴィゴツキーは、残念ながら37歳の若さで結核のために世を去りました。そのため、彼の理論は充分に世に知られませんでしたが、近年、学習の新しい方向を示す理論として再評価されています。その1つが**足場づくり**（scaffolding)という考え方です。足場づくりとは大人が子どもの自信や知識が増大するように手助けをすることで、それにより子どもはより能力を伸ばしていくことが示されています。また、子ども同士がお互いに教え合う**ピア.チュートリング**(peer tutoring)も有効性が認められています。足場もピア.チュートリングも最近接領域の存在があって初めて可能のなることです。

ところで、ヴィゴツキーは社会的交流での言葉の役割に注目しています。まず子どもは単にものを指し示す記号として言葉を使い始め、母親や兄弟たちとの社会的な交流を行います。2歳から5歳頃にかけて言葉は自分の要求の実現手段だったり親からの禁止の警告であったり、いわば人と自分とを結ぶ精神間交流(intrapersonal)の手段です。このように言葉が自分の外界に向かって意思伝達手段の役割で使用されるとき、これを外言とヴィゴツキーはよびました。やがて、言葉は外へ発せられるだけではなく自分自身に向けても発せられるようになります。たとえば「もっとお行儀よくしなさい」とか「気をつけるのだよ」というように大人の言い方で子どもは独り言を使い始めます。そのことで自分の行動をコントロールしたり、ものごとを考えたり、問題を解いたりします。そして最終的には、独り言は実際に口から発せられることはなくなり、自分の心の中で用いられるようになりますが、これをヴィゴツキーは**内言**とよびました。いわば精神間交流が精神内交流(interpersonal)へ変化するとヴィゴツキーは考えました。ヴィゴツキーによれば思考の発達とは、この社会的交流によってもたらされる外言から内言への進化なのです。

ヴィゴツキーは知識が形成されてゆくという点ではピアジェと同じ考えですが、それが社会交流により生み出されると考える点で異なりますし、それがゆえに思考における言葉の役割が

強調されていますし親や教師の援助が重要視されています。一方、その考え方を全面的に受け入れることは親や教師の子どもへの過剰な手助けを招き、子どもに援助への期待感を余計に抱かせるのではないかという批判もあります。

3．発達の障害

　発達障害とは、様々な原因により中枢神経に障害が生じ、その結果として認知、言語、学習、社会性および運動機能などの発達に遅れや歪みが生じた状態の総称であり、多くは青年期までに発生します。ここでは、主要な障害として、精神遅滞、自閉症、学習障害（LD）、注意欠陥多動性障害（ADHD）について説明します。

3.1　**精神遅滞**（Mental Retardation）

　特　徴　記憶、判断、推理、学習などの知的機能が年齢平均よりも著しく低く、そのため身辺の自立や社会的適応に困難をきたす状態をいい、18歳未満で発症します。

　精神遅滞の中心である知的な機能の遅れは、様々な知能テストにより測定されます。知能テストの測定結果はIQという数値で表されますが（知能指数：第5章　測定と評価の理論を参照）、人の平均的なIQは100です。それより高い人も低い人も左右対称の富士山のような形で出現します（第5章の図5-3参照）。これを正規分布というのですが、全体の68％近くの人はIQ 85からIQ 115の値をとります。そして、IQ 70未満の値をとる人が精神遅滞と判定され、その出現確率は約2％程度です。ただし、IQ 70未満の人のうちIQ 50程度までの人が約半数を占めますが、その人たちの状態は軽度であり社会適応

上でそれほど困難がありません。

　特徴としては、重度の精神遅滞の場合は乳幼児期における身体的発達状態に顕著な遅れがあります。といいますのも、乳幼児の時には精神と身体との分化が明確ではないためです。順調な発達では、首の座り（定頸）が3カ月、歩き始め（始歩）が1歳すぎ、一語発話も同時期ですから、これらの著しい遅れが目安となります。軽度の精神遅滞の場合は単に遅れている子どもとして学童期までは気づかれずにいる場合もありますが、知的機能が関連する領域の行動である探索・操作行動、理解、言語、社会性などの遅れが次第に顕著になってきます。

　原　因　軽度の精神遅滞を示す人には脳の障害や病的因子の関与が考えられず、多様な遺伝的因子により出現したものと考えられています。脳の障害を起こす病理的原因を出生前と出生後に大きく分けて分類するならば、出生前の原因としては染色体異常や母体の感染などがあげられます。前者では1866年にイギリス人のダウン（L. Down）により報告されたダウン症候群ですが、これは1959年に21番目の染色体が過剰（トリゾミー）であることが突き止められています。また先天性の代謝異常であるフェニールケトン尿症なども知られています。後者では胎芽期に母体が風疹や水痘に感染したりサリドマイドなどの薬物や放射線にさらされたりすることが指摘されています。出生後の原因としては、頭部損傷、脳炎、髄膜炎の感染、あるいは栄養障害などがあげられます。

　対　応　精神遅滞児は知的機能に遅れがあるため、新しいことを学ぶことが困難です。また、自己表現や感情の統制も下手であるために周囲とのコミュニケーションが円滑に進まないことがあります。そのため、基本的には条件づけを主体とした行動療法（カウンセリングの章で説明）が中心になります。そ

の1つとして、近年では「ソーシャル・スキル・トレーニング(SST)」とよばれる人や社会との係わり方の訓練が注目されています。ソーシャル・スキル・トレーニングは色々な社会的場面を想定して、言葉による教示やコーチにより問題解決のトレーニングをつみ、日常場面での応用ができるように訓練します。このほか、音楽療法により情緒の安定を図るとともに、リズム運動や簡単な音楽活動を通して自己表現や社会的相互関係の訓練を積むことも行われています。

3.2 学習障害(Learning Disability)

特　徴　学習障害(頭文字からLDともよばれます)は、全般的な知的発達に遅れはないが、聞く、話す、書く、計算する、または推論する能力のうち、どれか特定の分野の学習に困難を持つ状態をいいます。アメリカ精神医学診断マニュアルでは、読字障害、算数障害、書字表出障害と分類し、特定の領域において見られる障害という意味で「特異的発達障害」とよばれています。幼児期においてLDの問題は、言葉の理解と表現の間にアンバランスがあり気持ちを伝えるのが下手だったり、縄跳びやボール遊びなどの身体遊びが下手だったりする形で現れますが、単純に発達が遅れているとして見られてしまいます。しかし、小学校入学以後において教科学習での著しい困難が現れ顕在化することが多いといえます。知能は低くないのですが、読み書きや作文ができない、算数ができない、時間がわからない、地図が読めないなど学校生活で現れてきます。以下に障害の大まかな分類を説明します。

①聴覚的認知の障害

聞けない、話せないといった障害で、音への気づきや聞き分けが充分でなく言葉の意味理解できなかったり、意味は理解で

きているのに自分から表現できなかったりなどです。

いわば、私たちが外国語を習い始めたときのリスニングやスピーキングの状態を想像すると彼らの世界が理解できると思います。

②視覚的認知の障害

文字の形や図形の弁別ができないために読めなかったり、文字を書けなかったりします。たとえば「る」と「ろ」のような類似した文字を覚えられなかったり、「さ」を「ち」と書き誤まったり、行を飛ばして読んだり黒板の文字を書写できなかったりなどです。私たちが二重にズレを起こして印刷された文字を見たり、本を逆さまにして読んだりすることを想像してみてください。

③数的認知の障害

数や量の概念、それらの関係性が理解できないため、数の大小が判断できなかったり、指を使わなければ計算できなかったりします。また、図形の判別ができなかったり、2次元平面での位置関係の把握ができなかったりします。

④運動性の障害

身の回りの左右、前後、上下、遠近などの把握や、バランスをうまく取れないなどの障害があります。

学習障害の発生率は日本では2～5％ほどで、男子が女子の3倍から5倍程度多いといわれます。また、半数近くが後に述べる注意欠陥多動性障害と重複するといわれています。

原　因　遺伝的な異常や出産時などのトラブルにより中枢神経に軽微な損傷が生じたことが背景にあるといわれていますが、それにより視覚、聴覚の認知に関する**情報処理系**に障害があることが基本と考えられています。認知にかかわる私たちの情報処理系はほとんど自動的に作動するため、私たちは普段の

生活でまったく意識していません。たとえば「A」という文字を「エー」と一瞬のうちに読んでしまいますが、「エー」と読めるためには、まず、網膜上のAを「左右斜めの2本線が上部で接し、間を水平線分が繋いでいる」というように図形として特徴を分析し、それが文字らしいという推論を立てます。その後、記憶にある漢字を含む多くの文字の特徴リストからアルファベットの文字リストにアクセスし、その中からもっとも適合する文字を選択して最終的にAと判断するのです。このように複雑な情報処理過程が聴覚や視覚、そして認知プロセスの全般に存在していますが、それらの処理プロセスの流れのどこかの部分に障害があるのだと考えられています。近年では、情報の一時的保持と課題を並行して処理する過程であるワーキングメモリ（記憶の理論の章を参照）の容量不足や処理効率の悪さとの関連が疑われています。

対　応　　学習障害の子だもたちは知能程度が低くないにもかかわらず特定の情報処理系に障害を持っていることで教科学習に困難を示すのですから、いわば「わからない子ども」ではなく「わかり方が異なる子ども」と考えることもできます。学校生活では「落ちこぼれ」などといじめの対象になりやすく叱られる経験も多いため、子どもの低下しがちな自尊心をできるだけ損なうことがないように注意しなければなりません。そして、一人ひとつの認知過程の特性を知り、個々人に合わせた援助をすることが必要となります。

　たとえば、読みが苦手な子どもには、音節ごとに区切りマークを入れたり、文字の拡大コピーをしたり、行を飛ばして読まないように一行しか見えないようなスリットを作成したりします。書字が困難な子どもには、ワープロの使用や漢字パズルなどの工夫をします。また計算が苦手な子どもには、タイルやオ

ハジキを使用したり、文章題を図式化したり、電卓を使用したりします。

3.3 注意欠陥多動性障害 (Attention Deficit Hyperactivity Disorder)

特　徴　一般に子どもは、次から次へと関心や興味が移りやすく、一所にじっとしていられないし感情を直接的に表現しやすいものですが、注意欠陥多動性障害（頭文字から ADHD ともよばれます）と診断される子どもは以下のような特徴の程度が激しく、多くは7歳以前に始まりしかも6カ月以上にわたり継続的です。

①**不注意**
注意集中と継続が適切にできず注意散漫です。忘れ物や無くし物が多く、話しかけても聞いていなかったり、ぼんやりしていたり、整理整頓がきわめて苦手です。

②**多動性**
落ち着きがないことです。一定時間座っていられずに立ち歩いたり、絶えず手足の一部を動かしたりしています。また、よく口を出してしゃべりすぎたり、はしゃぎすぎたりします。

③**衝動性**
気持ちを制御できず行動することです。ゲームや遊びの順番を待てなかったり、話が終わってないのに答えたり飛び出したりします。また、すぐにカッと怒ったりします。

これらの特徴は、①の不注意が主立った特徴で多動性の目立たない不注意優勢型や②、③の多動性や衝動性が主立った多動性・衝動性優位型で出現することがあります。注意欠陥多動性障害の出現率は3〜5％程度で、男子が女子の5倍から10倍ほど多いとされており、半数程度にLDを伴います。しかし、

LDとは別の障害で注意欠陥多動性障害は行動の障害といえます。

原　因　　注意欠陥多動性障害の原因としては脳の機能障害として行動制御ができなくなっていることや神経伝達物質（ドーパミン）の変異との関連などが考えられています。

対　応　　注意欠陥多動性障害の子どもは幼児期から落ち着きがなく、衝動的な行動を示すのですが、それが学童期、あるいは思春期以降の学校生活ではクラス全体の学習環境の調和を乱す行為になるため、周囲は「問題児」「困った子」「ダメな子」などと見るようになります。そのため、親、教師は注意欠陥多動性障害の子どもを叱ったり、抑えつけようとしたりすることが多くなります。本人自身も集中力が継続しないため学習につまずき始め、同時に意欲の低下、自尊心の喪失を感じ始めます。したがって、まず必要な対応は注意欠陥多動性障害が親や教師などによる躾や教育といった外的要因のせいではなく、障害の1つであるという認識を周囲が持つことです。その上で、行動療法、認知行動療法（カウンセリングの理論を参照）による治療教育が有効と考えられています。これらの療法は望ましい行動目標を設定し、その行動が出現するように条件づけして習慣化することを基本にしています。色々な社会的場面において子どもが自分の行動や感情をコントロールして周囲の人と関係性を維持してゆけるように訓練するのです。具体的には、30分間を落ち着いて着席していられない子どもに対して、ジッと我慢していられないことを叱るよりも、15分ずつ2回に分けて休憩を入れつつ15分をジッとしていられたら褒めることなどです。

　注意欠陥多動性障害の子どもには薬物治療も効果があると報告されています。とくに中枢刺激剤のメチルフェニデイト（リ

タリン）は不注意、多動性、衝動性のすべてに有効であるとされています。

3.4 自閉症（Autism）

特徴 1943年アメリカの児童精神科医のカナー（L. Canner）は、情緒が乏しく人との接触が困難な11人の子どもの症例を報告しました。その子どもたちの症状が大人の統合失調症に現れる自閉と類似しているため、これらの子どもたちを早発性の統合失調症とみなし、早期幼児自閉症と命名しました。現実との生き生きとした接触が失われ、自分の世界に閉じこもった様子が一部に見られるために自閉症とよばれるようになったのでしょうが、現在では以下にあげる3点を持って自閉症と判断されています。出現率は0.1%程度で、男子が女子の4倍程度多いといわれます

①社会性の障害

自閉症の症候の中でもっとも中心的な障害となるのは、社会的相互交渉の欠落です。一口でいえば人と上手に付き合うことができません。自閉症の子どもは他人と付き合ううえで自然に決まっているルールにしたがうことや、他人がどのように考えるか、また自分がどのように振る舞うべきかを理解することができません。

日常的特徴としては、乳児のときから親と視線が合わなかったり、親への愛着がなかったりします。また、その場に応じた感情の表現がありませんし、突然仲間から外れ一人で平気でよそへ行ってしまうこともあります。

②コミュニケーションの障害

言葉の発達が遅れることが多く、言葉の意味が理解できなかったり、話しかけられたことにあった返事ができなかったり、

例え話が理解できません。

　日常的特徴としては、反響言語とよばれる独特の特徴が見られます。これは相手がいったことをオウム返しにそのまま言い返すことです。その他、人称や代名詞の反転ができなかったり、疑問文をいうことで要求を伝えたりします。

③想像力の障害

　心の中で、異なる状況を描いてみたり、仮定の事態を考えたりすることができません。そのため同一性の保持あるいは、こだわり行動とよばれる一定のパターンにしたがって繰り返される行動を好みます。

　日常的特徴としては、ままごとなど、自分が誰かになったつもりの遊びができません。また、手のひらを自分のほうに向けたままで手を振る「逆さバイバイ」といわれる行為もよく見られます。これも自分からの視点を転換できないことによると考えられます。また、自閉症に独特な行動として「こだわり行動」がありますが、これは決まった遊具や決まった遊びをすること、たとえばおもちゃのレバーを押しては引くといった行動を飽きもせずいつまでも続けたり、いつも決まった道順を通ること、一定のパターンで展開される天気予報の放送を好んだりすることなどです。

　また、自閉症の人の中には感覚がきわめて敏感で、小さな音、におい、味あるいは些細な接触など健常者が気にならないものに驚いたりパニックになったりすることがあります。

　これら点の他に、76%から89%に精神遅滞を伴いますが、自閉症の中で知的な遅れが目立たず、コミュニケーションの障害である言葉の遅れが見られない場合を**アスペルガー症候群**とよびます。アスペルガー症候群の子どもたちは同年齢の子どもたちと同じくらいの言葉を使用できますし、時としてはより多

くの難しい言葉や漢字を知っていることがあります。ただし、実際には言葉の表面的な理解にとどまり、同じ言葉の持つ別の意味や言葉を場面によって使い分けるということができなかったりします。

ところで自閉症の現れ方には個人差があり、それぞれの症状の出方が個人によって強かったり弱かったりします。ある人では、3つの症状のうちの1つだけが強く現れるけれど他の症状はあまり気づかれなかったり、アスペルガー症候群の人のように知的な遅れが目立たない人もいたりします。まるで虹のように、それぞれの色彩の境目が区別できません。そこで近年、自閉症の症状を虹のスペクトラム（連続体）のようなものとしてとしてとらえる考え方が出てきました。このような自閉症の症状を広くとらえる考え方を**自閉症スペクトラム**とよびます。

原　因　自閉症の原因については、以前は育児方法や親子関係などの心因的な説が考えられていましたが、近年では脳科学の進展から大脳皮質、とくに前頭前野の障害が考えられています。とくに、その器質的な障害により自閉症児は「心の理論」とよばれる心的機能が欠如しているのではないかという仮説が考えられています。

「心の理論」とは元来、人類学の研究者が類人猿と人類との認知機能の比較をするために提唱した概念ですが、要するに「他者の意図、信念、考え、願望や視点を理解することができる」能力のことをいいます。1985年サイモン・バロン-コーエン（Simon Baron-Cohen）は心の理論を子どもが持っているか否かを確かめるための簡単な課題を考案しました。それは「サリーとアン課題」とよばれるもので以下のような手順の問題でした。

子どもはサリーとアンと名づけられた二体の人形による劇を

見せられます。

①劇の最初はサリーとアンが同じ部屋で話しています。

②そのうちサリーは自分の好きなビー玉をバスケットの中に隠し、部屋から出てゆきます。

③サリーが隠すところを見ていたアンはいたずらを思いつき、サリーのビー玉をバスケットから取り出し自分の箱に移し替えます。

④しばらくしてサリーが部屋に戻って来ます。

ここで劇は終わりです。

劇を見終わった子どもに「サリーは自分のビー玉を取り出すためにどこを探すでしょうか？」という質問をするのです。いうまでもなく正答は「サリーは自分のバスケットを探す」ですが、正しい答は、サリーが真実を知らずに誤った考えのままでいるという相手の思い込みへの理解ができないと不可能です。このような問いに対して、3歳から5歳の健常児は85％が正答しますが、自閉症児で正解できたのは20％未満でした。このような結果から、自閉症の基本的原因となるのは、「心の理論」の欠損ではないかという仮説が生まれたのです。図1.11に6歳児における正答率を示します。

対　応　自閉症の人の特徴は様々な社会的交渉に困難があることです。ですから、その特徴に合わせた方法を工夫することです。とくに自閉症の人は話を聞いて理解することが苦手ですが、一方では目で見て理解することは得意なことが多く、なかには写真を撮ったかのように記憶できる人もいます。そこで、伝えたいことがあるときには、口頭で説明するばかりではなく文字で書いて見せたり、実物を見せたり、図や写真で示したりすることが有効です。また、こだわり行動が強いために突然の変化や普段とは違うことに対してはパニックを起こすことがあ

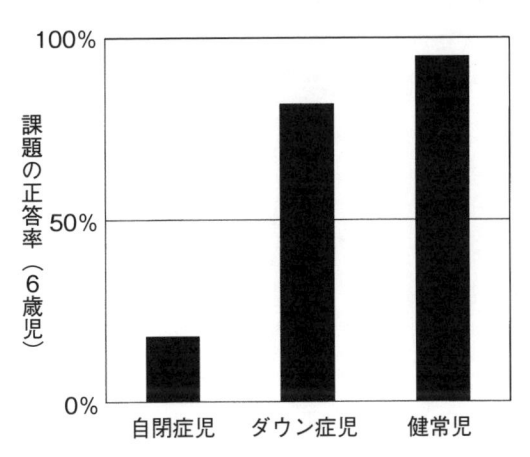

図 1.11　6歳での「アンとサリーの課題」の正答率
　自閉症児、ダウン症児、健常児との比較

ります。ですから、前もって予定を見せて十分に知らせることや、おだやかに話しかけることなどが必要です。また、自閉症は障害の中では重篤な部類に入りますので専門機関による個別の指導プログラムや保護者との密接な相談を必要とします。

2章
学習の原理

1. 学習とは

　学習という言葉は、「漢字の学習」とか「社会科の学習」などのように、いわゆる「勉強」と同じ意味でとらえる人が多いと思います。しかし、心理学では学習という言葉がもっと広い意味で使用されます。心理学で使用される学習とは、「経験の繰り返しによる行動の変容」のことです。ある経験を何度も繰り返すうちに、それが習慣化したり、上手になったりすることをすべて学習（あるいは学習行動）とよびます。このような学習の定義に従って学習の種類を大まかに考えてみますと、先ほどの学校の勉強のように何度も練習を繰り返して様々な知識を記憶したり理解したりする「知識・理解の学習」がまず浮かびます。また、挨拶の仕方、洗面や服の着方、自転車や車の乗り方、コンピュータの扱い方、楽器の弾き方からゲームやスポーツのやり方などの「技能や運動の学習」が考えられます。その他、本物と偽物の違いが自然と見分けられるようになるとか、楽器の音色を聞き分けられる、あるいは舌が肥える、などといったように刺激や情報の違いがわかることは「知覚・弁別学習」とよばれています。近年では、男らしさ女らしさ、親らしさ、日本人らしさなども学習の結果ではないかと考えられるようになり、これらは「傾向の学習」とよばれています。ただし、学習は勉強のように望ましいものばかりではなく、経験が繰り返されて身につくものすべてですから、犯罪癖のように望ましくないものも含みます。

　人の学習行動を別の視点から理解するために、学習行動と対極にある本能行動について考えてみます。本能行動の定義については諸説がありますが、少なくとも本能行動は最初から完成

した形で生体に備わっていて、学習行動のように練習や繰り返しを必要とはしません。いわば生まれながらにインストールされているプログラムのようなものです。先ほどの学習の種類で述べましたように、私たち人間の行動の多くは経験の繰り返しを必要とし、順次身についてゆくものです。したがいまして明確に本能行動だとよべるような行動が人に備わっていることはきわめて少ないのではないかと考えられています。しかしながら、出生直後から数カ月間という人がほとんど経験を積んでいない時期に示す行動には、人の本能行動を示唆するものが含まれています。その1つとして、人の新生児反射があります。新生児反射とは、生後すぐの子どもに見られる独自の原始的反射で、十数種類が知られています。たとえば、新生児の唇に指先で触れると、まるで乳首に吸いつくように指に吸いつく「吸啜(きゅうてつ)反射」、手のひらをつつくように刺激すると、強くそれを握り返す「把握反射」、急に大きな音を聞いたり、抱かれたまま下に降ろされそうになると、何かにしがみつくように腕を動かす「モロー反射」、足の裏を擦ったりすると足の指を扇のように開く「バビンスキー反射」、脇を支えて両足を床に着け前かがみの姿勢にすると、まるで歩行するように足を交互に動かす「歩行反射」などです。これらの反射はまるで人が本能的に持っている行動のようであり生後すぐから観察されますが、脳神経系の発達により随意的な運動が主体となるとともに、生後数カ月以内で消失してしまいます。

人の学習行動と本能行動を考える際に示唆を与える発見の1つに「新生児の泳ぎ」があります。これは近年の大きな発見でしたが、3～4カ月以内の新生児を注意しながらうつぶせにして、おなかを支えつつ水につけて水中での様子を観察しますと、新生児は「泳ぐ」のです。新生児は、水につけられた瞬間に驚

いて泣き出すということはなく、落ち着き、水中で目を見開き、口を閉じて呼吸を止めています。これは口から気泡が出ないことでわかったのです。支えていた手を外しますと、腕と足をゆっくりと交互に動かし前に進む動作を始め、実際に水中を前進することができます。陸上では4カ月未満の新生児は立つことはもちろん、ハイハイすることも自分で寝返りすることもできないのですから、驚くべき光景です。この現象については、「泳ぎ」ではなく新生児が母体の羊水内で示していた簡単な動きを再現しているにすぎない、という人もいます。確かに水中と羊水内はほぼ同じ環境といえますが、新生児が自分で呼吸のコントロールをしていることや体系だった前進運動を示すことは、明らかに「泳ぎ」と考えられます。残念ながら新生児反射と同じく、この「泳ぎ」も生後4カ月ほどで消失し水につけると泳ぐどころか、お風呂の湯船につかることでさえ不安がる子どもも現れ始めます。私たち人は、本能的に泳げた能力をたちまち失い、それから長い年月をかけて「水泳」を新たに学習してゆくのです。

　ちなみに、このような新生児反射や泳ぎの能力がなぜ1年以内で出現しては消失するのかという疑問については、ポルトマンの興味深い仮説があります。スイスの動物学者であるポルトマン（A. Portmann）は、著書の『人間はどこまで動物か』の中で、人の「生理的早産説」というものを提唱しました。彼によりますと、人は母胎内で生存に必要最低限な身体的能力を獲得できるまで成熟せず、1年ほど早く母胎を離れるそうです。たとえば、他の大型哺乳類である馬や牛の子どもは出生直後から立ち上がり、親の乳首を求めて移動することができますが、人は約1歳になるまで不可能です。早産の理由としては、人類が直立歩行をするようになったため骨盤が狭くなり、その結果小さく

生む必要が生じたからだと説明します。逆に、このことが母体の外で様々な刺激を受けて脳の発育が促され知能が発達することをもたらしたと説明しています。彼の説にしたがえば、新生児が示す行動は本来母体内で生じる変化だったということですし、それらが1年以内に消失するということは人が生まれながらに学習を目指す動物であることを意味しています。

　本能行動は最初からインストールされていますので学習の努力が不必要です。これは一見すると便利なようですが、それを逆にいうと周囲の状況が変化してもいつも決まりきった行動しか取りえず、臨機応変が不可能ということです。人は外界の大きな変化に耐えて生存し続けるために、本能行動を極力小さくして、あるいは捨て去り、代わりに学習能力を高めるように進化してきたのかもしれません。

　それでは、経験をどのように繰り返せば学習は進行するのでしょうか。色々な形式が考えられますが、それらを状況に応じて理論化していったものが学習理論です。本章では、まず、基本的な学習理論を4つほど紹介します。最初は条件づけ理論ですが、これはレスポンデント条件づけとオペラント条件づけの2つに分類されています。次が観察学習の理論で、最後にその他の学習理論を一括りにして説明します。

2. レスポンデント条件づけ理論

2.1 パブロフの実験と理論

　最初の学習理論として登場したのは、旧ロシアのサンクトペテルスブルク大学の生理学教授**パブロフ**（I. P. Pavlov 1849〜1936）によるものでした。最初、彼はイヌを使って食物に対す

る消化液の分泌条件を実験的に調べていました。ところが、その実験が進行するにつれ、イヌは食物を口に入れた直後からではなく、その前にも消化液（唾液）を分泌するようになることに気づきました。これはイヌが実験の進行につれ、次第に食物が与えられることを期待するように学習した結果だと考え、その過程を実験とともに理論化してゆきました（図2.1.1参照）。彼の理論は後に条件づけの理論として世に残りますが、その基本方程式を簡単に示しますと以下のようになります。

まず生物は（私たち人も）無条件反射とよばれる刺激 – 反応の連鎖機能を何種類か持っています。たとえば、転びそうになったとき思わず手が前に出ることや、目の前に急に物体が突き出されると思わず瞬きしてしまうことなどです。パブロフが明らかにしたことは、これらの無条件反射のリストから特定の一組を対にして同時に提示することを繰り返せば、ある無条件反射の刺激が対になった他の無条件反射の反応をよび起こすということでした。以下の図2.1で例を示しますと、たとえばベルの音（刺激 S_1）がしますとイヌはそれに思わず注意を向けます（反応 R_1）。これは**無条件反射**です。また、口の中に食物（刺

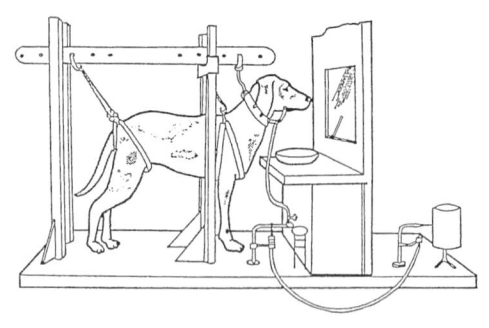

図2.1.1 パブロフの実験装置の概略図

音叉　無条件刺激（S_1）　　　　　　　　　　　　　　　（R_1）

　　　　　　　　　無条件反射

　　　　　　　　　条件反射

肉片　無条件刺激（S_2）　　　　　　　　　　　　　　　（R_2）

　　　　　　　　　無条件反射

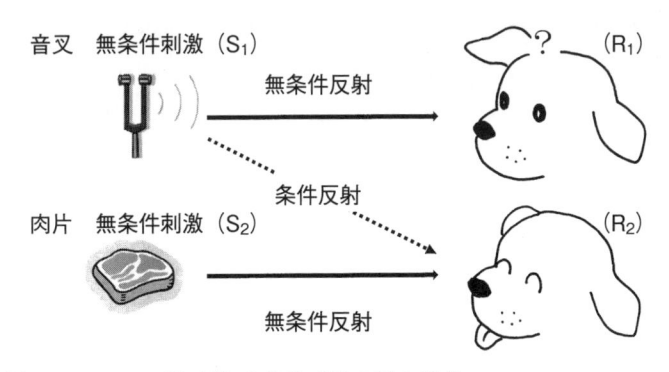

図2.1.2　レスポンデント条件づけの基本様式

激 S_2）が入れられれば自然と唾液を分泌します（反応 R_2）。これも無条件反射です。互いに無関係の2つの無条件反射ですが、いま、ベルの音と肉の2つの刺激を同時に与えます（パブロフの実験では刺激 S_2 の肉が0.5秒ほど刺激 S_1 のベルより遅れるのが最適だそうです）。何回もそのような経験を繰り返させた後、今度はベルの音のみを与えますと、イヌは口に食物がないにもかかわらず唾液を出すようになります。要するに、同時に与えられるという経験の繰り返しによって今まで無関係だった反射どうしが結合し、一方の刺激を信号として他方の反応がよび起されるという回路が成立するのです。この新しく成立した反射回路を**条件反射**とパブロフはよびました。そして、刺激に反応（レスポンス）が誘発されるという意味から**レスポンデント条件づけ**とよばれるようになりました。この条件づけはパブロフが理論化したことにちなんでパブロフ型条件づけとよんだり、最初の条件づけ理論のため「古典的条件づけ」とよんだりしています。

　さて、レスポンデント条件づけで刺激となりうるものはベル

の音などの聴覚刺激のみならず光や景色、場面などの視覚刺激、嗅覚刺激や味覚刺激などおよそ五感に感じられるものは何でも可能ですが、この信号となる刺激（ベル）とともに反応を引き起こす刺激（肉）を対にして繰り返し与え続けることを**強化**とよんでいます。強化が繰り返されることで条件づけは強固なものとなってゆきます。そして、条件づけが成立しますと、刺激 S_1 に類似した刺激（たとえば音の高さが異なるベルの音）に対しても、程度は低下しますが唾液反応が生じます。これを**般化**とよんでいます。要するに、似たような刺激に思わず反応してしまうことです。しかし、条件反射の成立後に刺激 S_2（ベル）のみを与えて刺激 S_2（肉）は与えない事態を続けますと、やがて刺激のベルを鳴らしても唾液反応は生じなくなります。これを**消去**とよびます。

2.2　ワトソンの行動主義と嫌悪条件づけ

　イヌを実験動物として発展したパブロフの理論を人間に応用し、**行動主義**という心理学の一大潮流を提唱したのは、アメリカの心理学者**ワトソン**（J. B. Watson 1878〜1958）でした。彼は気鋭の心理学者で、それまで観察不可能な意識を中心的に研究していた心理学の流れに異を唱え、観察可能な行動を研究対象にすることを提唱しました。彼にとって意識という概念をまったく考えないパブロフの理論は誠に都合が良く、人間の行動はすべてパブロフ型の条件づけで形成できるのではないかと考えました。たとえば、レイナーとともに次のような「嫌悪（あるいは情動）条件づけ」とよばれる実験を行っています。

　被験体となったのは、生後9カ月の男の子で名前をアルバートといいました。あらかじめワトソンらはアルバート坊やの好きなものと嫌いなものを調べました。するとアルバートはかわ

いい白ネズミが好きらしくよく手を伸ばしますが、大きな音は苦手らしく泣いて怖がることがわかりました。そこで実験では、まずアルバートの前に白いネズミの縫いぐるみを置きました。するとアルバートは無条件反射的に手を伸ばしてそれを取ろうとしました。その瞬間、ワトソンは横につるした鉄棒をハンマーで打ちつけ大音響をたてたのです。アルバートは床に顔をふせて大泣きしたといいます。このような強化手続きを5回ほど繰り返した結果、アルバートは白ネズミを見た途端、今まであれほど好きだったのにすぐに泣き出すようになりました。彼にとってさらに不幸だったことは刺激の般化が生じたことでした。アルバートは白ネズミに似た白ウサギや白くてフワフワしたものは（たとえサンタクロースの髭でさえ）見るたびに怖がるようになり、その効果は1カ月以上続きました。

　この実験は元来好きであったものを嫌いにさせることですから、その逆に嫌いなものを好きにすることもできるはずです。まさに、ワトソンらは行動のみならず感情の部分までも条件づけできることを示したのです。このようにしてワトソンの考え方は、すべての人間は条件づけにより学習させることができるという考えにいたり、「私に12人の健康な子どもとが与えられるならば、医者であろうと、芸術家であろうと、はたまた泥棒であろうと、その子どもたちの能力や人種などにかかわりなく、私が望む人間に彼らを育てることができる」と豪語するような極端な環境・学習論者になりました。

　このレスポンデント条件づけは私たちの日常生活でもきわめて一般的な現象です。たとえばレモンや梅干しなどのイメージを浮かべるだけで口の中には唾液がでて来ますし、以前に流行していた歌のメロディを聞くと、そのころの情景が浮かんでくることをしばしば経験します。あるいは暴力的で危険な人間の

特徴はすぐに見分けられるようになります。レスポンデント型条件づけというメカニズムは環境内の刺激同士を結びつけて意味のある信号に変換するという機能ですから、私たちを危険から遠ざけたり、期待を持たせたりなど私たちの生存に直接結びついた学習の基本メカニズムといえます。

しかし、私たち人を含めて動物は様々な条件刺激や無条件刺激の提示を待っているだけの受動的存在ではありません。ワトソンが考えたようにレスポンデント型の条件づけのみで成立するような単純な存在ではなく、むしろ、活発に外界に働きかけ、その結果の経験から学習する部分がかなり大きい存在といえます。その際に機能するメカニズムが次に説明するオペラント型条件づけ理論です。

3. オペラント条件づけ理論

アメリカの心理学者 **スキナー**（B. F. Skinner 1904～90）は、ワトソンより20年ほど後に条件づけによる学習行動についての画期的な新理論を提唱しました。その理論は後にオペラント条件づけ理論とよばれることになりますが、その理論構築にヒントを与えた先行研究としてソーンダイクの研究があります。まず、彼の実験から説明することにします。

3.1　ソーンダイクのネコの問題箱実験

19世紀の末、ちょうどパブロフがロシアでイヌによる実験を行っているころ、アメリカの心理学者 **ソーンダイク**（E. L. Thorndike1874～1949）はネコを被験体として学習過程についての興味ある実験をしていました。それは「ネコの問題箱実験」とよばれているのですが、まず彼はネコ用の木製のオ

リを製作しました。ただし、その檻には特別な仕掛けが1つだけありました。檻の中に小さなペダルが作ってあって、それを踏むと機械仕掛けで檻の扉が開くのです（図2.2.1参照）。

ソーンダイクが行った実験は単純で、ネコをその檻の中に入れることでした。最初にネコをその檻に入れますと、ネコは嫌がって、鳴いたり、引っ掻いたり、檻に噛みついたりしますが、そのうちに偶然ペダルを押しつけることがあります。すると扉が開いてネコは外へ脱出することができます。ところが、外で待ち構えていたソーンダイクがネコを再び折の中に入れてやるのです。戻されたネコは暴れますが、またもや偶然にペダルを押して脱出できる、それを再びソーンダイクがもとの檻へ戻すという繰り返しを行ったのです。結果として、ネコは脱出する

図2.2.1　ソーンダイクのネコの問題箱

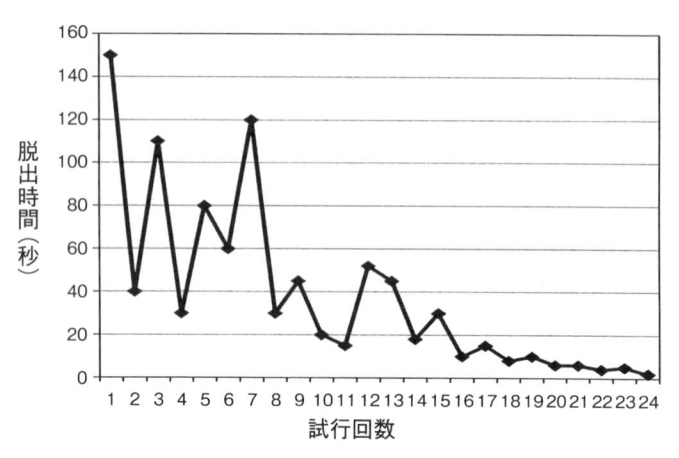

図 2.2.2　ネコの脱出時間の変化

のに最初は数分かかりましたが、その脱出時間は次第に短くなり、20試行をすぎるあたりから 10 秒を切るくらいになりました。ネコは檻に戻されるや直ぐにペダルに近づき、踏んでは外に出るのです。このような実験で、ネコはどのようにして脱出方法を学習したのでしょうか。ここではパブロフのレスポンデント条件づけ理論で述べたような、刺激とセットになった無条件反射は存在していませんから、異なった学習の原理が働いているはずです。ソーンダイクはネコのこのような学習を**試行錯誤学習**とよび、脱出には「効果のある行動のみが残っていった」ことから、**効果の法則**という学習の基本原理を考えました。

3.2　スキナーのオペラント条件づけ理論

スキナーは、ソーンダイクの研究をより洗練された方法で理論化しました。彼が理論構築のために用いた動物はネズミでしたが、そこで得られた理論を人間行動のあらゆる場面に適応し

図2.3　スキナーボックスの概略図

ようとしました。彼は後にスキナーボックス（図2.3参照）とよばれるネズミ用の実験装置を開発しましたが、それは立方体の小箱で側壁にネズミが前足で押せる程度の小レバーがついています。ネズミがそれを押すと外部モーターが起動してレバーの下の穴から固形の餌が一粒出てくるものでした。

このような装置に空腹のネズミを入れて観察しますと、最初は装置の中を嗅ぎ回ったりしているネズミはやがて偶然にレバーを押しつけることがあり餌を手に入れますが、試行日数が長くなるにつれネズミは装置の中に入れられるや否やレバーに飛んで行き、それを何度も押し続けて餌を手に入れるようになります。このような学習過程をスキナーは図2.4に示すような形で表しました。

スキナーはレバー押しの反応の直後に正の強化子（たとえば餌であり報酬ともよばれる）が与えられることにより、ネズミ

```
         ┌ 直後に ──→ 報酬（快：正の強化子）……反応の出現確率は高い
反応 ┤
         └ 直後に ──→ 電気ショック（不快：負の強化子）……反応の出現確率は低い
```

図2.4　オペラント条件づけの基本様式

はその結びつき（随伴性とよびました）を条件づけられ、次第にレバー押し反応の出現回数が高まると考えました。逆に、レバーを押せば床から電気ショック（負の強化子）が与えられるなら、その反応は出現しなくなりますので、まさに「アメとムチ」によって行動を自由に制御する条件づけと考えられます。オペラント条件づけでは反応に正の強化子（アメ）が随伴し、その結果反応の出現回数が増加することをすることを**正の強化**とよびます。紛らわしいのですが、「負の強化」というものも存在します。これは反応により負の強化子が取り除かれて条件づけが成立することで、正の強化と同じように反応の出現回数は増加します。たとえばストレスが強い仕事をしているとき、たまたま気晴らしに始めた趣味にハマってしまうようなことです。ソーンダイクのネコの場合は、ペダルを踏む反応に脱出という正の強化子が随伴し条件づけが成立したと考えることができます。これらの条件づけは反応が自発的（オペラント）に生じたかのように見えるためオペラント条件づけとよばれています。

　オペラント条件づけにおける正の強化子（報酬）は快を与えるものなら何でもかまいませんので、私たち人間では品物、お金、褒められること、優しくされることなど多様ですし、負の強化子もまた叩かれる、侮辱される、叱られる、失敗するなどが考えられます。そしてこれらの様々な組み合わせにより、私たちの日常活動の大半がオペラント条件づけにより獲得されて

います。すでに自分の記憶にはないでしょうけど、排泄の始末や食事の仕方、服の着方など人としての基本的な行動はすべて幼い頃母親からオペラント条件づけされた結果なのです。また、学校生活では先生から、褒められたり注意されたりの働きかけがオペラント条件づけとして作用します。

また、オペラント条件づけは正と負の強化子を多様に組み合わせることにより行動を制御することが可能になります。そこで、目的の行動を徐々に形成（**シェイピング**：shaping）してゆき学習を完成に導くプログラム学習の基礎理論ともなりましたし、人の望ましくない習慣や癖を望ましい方向に向けることを治療に応用して行動療法が開発されることになりました。

3.3 連続強化と部分強化

スキナーは反応のたびに毎回報酬が随伴する必要はないことを示しています。つまり、強化は連続強化でなくても、部分的に強化しても条件づけが成立するのです。たとえば、ネズミがレバーを押しても数回に1回しか餌が出ないとか、どんなにレバーを押しても一定時間経過しないと餌が出ないなどという実験事態ですが、これは部分強化とよばれています。そして、オペラント条件づけは**部分強化**も連続強化に劣らず強固であることが示されました。このことはネズミのみならず、私たち人間がなぜギャンブルにはまるのか（たまにしか勝ちはありません）、釣りという趣味がおもしろいのか（大物はめったに釣れませんけど）などをよく説明します。部分強化は強化スケジュールとよばれる4種の基本パターンに分類されますので、以下に説明してみます。

(1) 定率強化

一定の反応回数ごとに強化することです。たとえば30回の

レバー押し反応ごとに1回餌を与えることです。反応は高頻度で出現し、反応速度も速くなります。私たちの日常で例えますと、出来高払いの仕事や歩合給に似ています。仕事をやればやるだけ報酬が増加しますから夢中で働きます。

(2) 変率強化

平均すれば一定の回数ごとに強化するのですが、反応後の何回目に強化するのかはランダムになっている場合です。たとえば平均してみると30回に1回の強化をしますが、それが反応後の何回目であるかはわからない事態です。反応は一定で高頻度です。日常例でいえば、パチンコなどのギャンブルはよい例です。何回かに1回でも勝てば良いほうですし、それが何時なのかはわからないのにやがて病みつきになってしまいます。

(3) 定間隔強化

反応後一定の時間が経過しない限り強化しません。たとえば、30秒に1回の強化とすれば、レバー押しから30秒を経過した後に生じた反応のみを強化し、30秒以内にネズミがどのように反応しても強化は与えられません。反応率は低く、強化時間に近づいたときのみ反応数が増加し、他の時はほとんど反応がありません。日常例でいえば、週末が近づくと元気になったり、給料日前になると俄然仕事のやる気がでてきたりすることです。

(4) 変間隔強化

平均すれば一定の時間経過後に強化するのですが、それが反応後の何時かはランダムになっている場合です。たとえば、平均すると30秒に1回は強化しますが、反応後どれほど待ったら次の強化が与えられるのか分からない事態です。反応の頻度は低くなり、だらだらと反応するようになります。日常例でいうなら、魚釣りのようなことです。釣れるとわかっていてもいつ釣れるかは魚次第で、1匹釣れれば、またいつ来るかわから

ない魚信を待ち続けて日がな一日釣り糸を垂れることになります。

連続強化と部分強化ではどちらが条件づけを強固にするのでしょうか。強く条件づけられた証拠として、強化が与えられなくなった後どれほど長く反応が生じ続けたか（これを消去抵抗といいます）の時間で見てみます。すると、訓練の開始時期には連続強化は学習効率が上がり条件づけが成立しやすいのですが、消去過程では部分強化、しかもより少ない強化率で条件づけされたほど消去抵抗が高いのです。連続強化では反応するたびに強化を受けますが部分強化ではたまにしか強化を受けません。すると、消去過程に入ったときの事態変化は連続強化されていた場合のほうが激しいと考えられます。この事態変化の認知が消去という学習（反応しても餌はもらえないという新たな学習）を促進するせいではないかと考えられています。このことは子どもに何かを学習させる場合、それを習得するまではしばしば褒め習得したのちは急に褒めるのをやめるというのではなく、習得するにつれ次第に褒める回数を減らしてゆくほうが効果的であることを示唆します。

4. 観察学習理論

「朱に交われば赤くなる」ということわざがあります。人は自分のまわりにいる知人、友人の行動や生き様から自然と影響を受け同じように振舞ったり考えたりするものです。また、「親の背中を見て育つ」というように、たとえ親が正面きって子どもに指示しなくても子どもは親の価値観や人生観を知らぬ間に受け継いでゆきます。この学習過程は、レスポンデント条件づけやオペラント条件づけが強化を直接受けることで成立したことと異なり、周囲の人間が行動するのを見ているだけで成立す

るので**観察学習**とよばれています。極端な場合、観察の意思がなくても周囲が目に映っているだけでもよいのです。この観察学習の仕組みを明らかにしたのはアメリカの心理学者 **バンデューラ**（A. Bandura 1925〜）でした。彼が行った子どもの攻撃行動の実験を説明します。

　実験では3歳から5歳の子ども72名（男女同数）が集められ、事前の観察でどの子どもも活発さや攻撃性の程度は変わらないと判定されました。その後、子どもたちは24名ずつ3グループに分けられました。それぞれのグループは男女が同数ずつであり、グループごとに別々の部屋で10分間自由に遊ぶのですが、その際、あるグループの部屋には遊んでいる最中に大人の女性（モデルとよびます）が入り込み、部屋の中でおもちゃの人形を殴ったり蹴飛ばしたりして乱暴な遊びばかりをします（攻撃モデルグループ）。もう1つのグループの部屋にも別なモデルが入り込むのですが、彼女は人形には目もくれず静かな遊びばかりをするのです（穏やかモデルグループ）。ただし、両グループのモデルは子どもたちに自分のマネをして遊ぶように、などとはいいません。最後のグループの部屋ではモデルは部屋に入らず、子どもたちだけが遊びます（比較統制グループ）。その後、子どもたちは同じようなおもちゃが用意してある別の部屋に全員が集められ、子どもたちだけで20分間遊び、その間の攻撃的行動を観察されました。実験の流れを図2.5にまとめました。

　結果は、子どもたちがどのモデルのグループに属していたかで異なるものでした。穏やかグループと統制グループの子どもたちには攻撃的な行動はほとんど観察されませんでしたが、攻撃モデルグループの子どもたちには、モデルと同じような身体的、言語的攻撃行動が頻繁に観察されました（図2.6参照）。

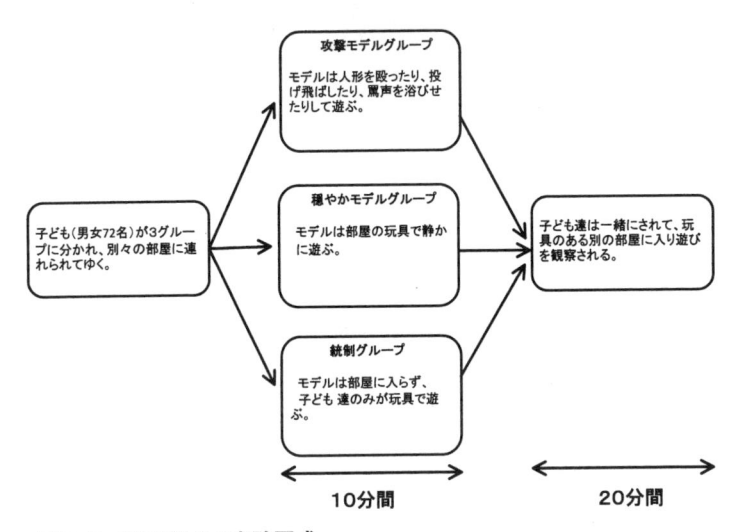

図2.5 観察学習の実験図式

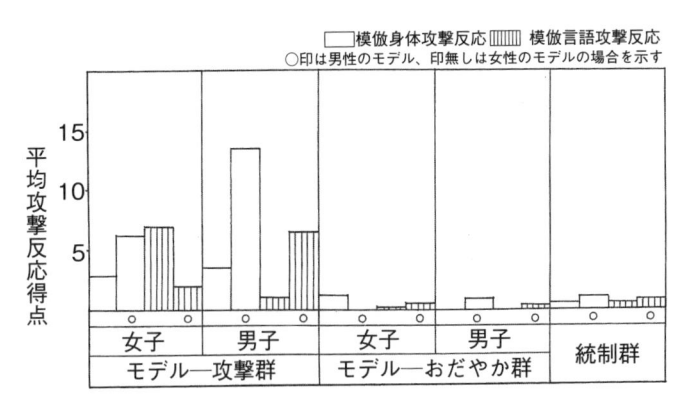

図2.6 攻撃行動の観察学習実験結果

攻撃的な行動は、モデルの性別、子どもの性別にかかわらず模倣されているのがわかります。

この実験では、遊んでいる最中にモデルは自分と同じように遊ぶことを子どもに勧めたり止めたりしていませんので、オペラント条件づけのように直接的強化が与えられたわけではありません。子どもたちはモデルの遊びを見ていただけでその行動を学習したのですから、**間接強化**が行われたと考えられます。これこそが観察学習の本質だといえます。

私たち人間は知能が発達していますから、条件づけのように自分が直接経験することで学習するほかに、間接的に学ぶことは大変多いといえます。たとえば、他人が危険な目にあったり叱られたりするのを見て、自分の行動を修正したり抑えたりします。逆に人が褒められるのを見たり、本やニュースの中で尊敬できる行為に触れると、自分の模範としたりします。これらは他人が罰や報酬を受けるのを見て自分が強化されるのですから、**代理性強化**とよばれ間接強化の中心となるものです。そして、このほうが効率的で危険がないと考えられます。

バンデューラは、モデルとしてアニメのキャラクターを用いた実験もしていますが、やはり結果は主人公が攻撃的だと子どもたちにも攻撃的遊びが増加するというものでした。したがいまして、この観察学習の理論はアニメ番組やゲームが子どもたちに与える悪影響について多くの示唆を与えます。また、近年ではもっと視野を広げて、人が大人になってゆく過程で、どのようにして自分らしさや性役割(男女らしさ)を獲得してゆくか、あるいは親としての態度を身につけるかなどについての説明まで広く応用されています。

5．その他の学習理論：認知説

今までに説明した2つの条件づけ理論と観察学習理論は、す

べて感覚的な刺激（場面）と反応の結びつきが強化（たとえそれが代理性のものであっても）されることを必要としますので、総称として「連合説」とよばれています。ここでは、連合説に対して**認知説**とよばれている学習理論を紹介します。認知説は、知識の認知的変化により学習が成立すると考えます。いわば新たな「ものの見方」を会得することが学習だと考えるのです。この変化はひらめきのように突然生じ、しかも一度成立すると安定して生じますので、連合説のような強化という考えを重視しません。ここでは主要な認知説を2つほど述べます。

　1つは、**潜在学習理論**です。学習は強化がなくても進行するという説で、トールマン（E. C. Tolman）により提唱されました。彼は、ネズミに迷路学習をさせたのです。ネズミを迷路の中に入れて、スタート地点からゴール地点までの到達時間の変化を測定しました。実験は、まず、同じような学習能力を持ったネズミを2グループに分け、そのうち一方のグループでは実験の初日から迷路のゴール地点に餌を置きました。もう一方のグループでは、実験開始日から10日間はゴール地点に餌を置かず、11日目に初めてゴール地点に餌を置きました。結果として、実験開始日から3日目くらいまでは2グループともゴール地点までの到達時間はゆっくりしたもので両グループに差はありませんでした。しかし、4日目くらいから「餌あり」のグループのネズミの到達時間が「餌なし」のグループより次第に短くなってきました。ところが、11日目に餌を置かれた途端、「餌なし」グループのゴールまでの到達時間は急速に早まり、なんと12日目には「餌あり」グループより短くなったのです。もし、餌が強化要因として働くのなら、第1グループに時間的に追いつくまでには数日はかかるはずですし、1日で追い越せることはあり得ません。これは、餌なしで迷路内をウロウロしていた

2章　学習の原理

10日間にいわば迷路に関する認知地図（mental map）のようなものがネズミに潜在的に成立し、それにより一気に学習が加速したのだとトールマンは主張しました。そして、このような学習を「潜在学習」とよんだのです。

　もう1つは**洞察説**です。この説はゲシュタルト心理学者のケーラー（W. Köhler）が提唱したものですが、学習は学習者の事態に対する見方、考え方の枠組み（認知的構造）が一気に変化することで成立するという説です。彼は霊長類、とくにチンパンジーを用いて問題解決の実験を行いました。チンパンジーを檻の中に入れてジャンプしても届かないくらい高い位置に好物のバナナを吊り下げました。このとき、木箱や棒を檻の隅に置いておきました。最初、檻に入れられたチンパンジーはバナナを取ろうと手を伸ばしたりジャンプしたり、あるいは取ってもらおうと声をあげたりします。そのような試行を何度も繰り返すうちに、あるとき突然、部屋の隅の木箱や棒の存在に気づき、これをバナナの下に運び踏み台にして棒でバナナを叩き落として手に入れることに成功します。その後は同じ事態では躊躇なく行動し失敗はみられませんでした。これは、チンパンジーに問題解決のための全体的な見通しが急激に成立したからであり、場面や道具ごとに逐次的に反応が強化されていった結果ではありません。まさに、問題解決のための洞察がなされた結果といえます。

　私たち人間の学習行動は多様ですから、連合説も含めてどれが正しくどれが誤りだということはありません。これらの認知説も確かに多様な学習行動の一面を説明していますが、残念ながら、連合説に比べると細部にいたるまで理論的考察や実験が行われているとは言い難く、この点で今後の理論化が待たれる説です。

3章

記憶の理論

ここでは、学習に不可欠の記憶について説明してゆきます。人の記憶の不思議さははるか昔から関心をもたれてきましたが、その記憶のメカニズムについて多くのことがわかってきたのは近年になってからです。とくに、コンピュータ科学の発達により、情報処理的観点から人の記憶をとらえようとする試みがなされてきました。ここでは、まず、研究のきっかけとなった記憶の構造について述べてみます。

1. 記憶の構造

　記憶という情報の容器はワインのボトルのような形だと思われてきました。入り口は小さく、そのため少しずつしか入れることができませんが、下の胴体は円柱で多くの量を貯めておくことができます。これを単一構造モデルといいます。ところが、電話番号をとっさに憶えたり、いくつかの買い物を電話で頼まれたりした場合を考えてみますと、そのときは憶えられても買い物が終わればたちまち忘れてしまいます。一方、子どものころの出来事や行きつけのレストランの場所などはよく憶えていていつでも即座に思い出すことができます。このような経験は記憶が単一なボトルのような容器ではなく、もう少し複雑な構造であることを類推させます。

　今から40年ほど前、カナダの心理学者ミルナー（B. Milner）は、脳手術を受けた患者 H. モリゾンさんに生じた不思議な記憶障害について報告しました。モリゾンさんは「てんかん」の治療のために脳の側頭葉（海馬系周辺）とよばれる場所を切除したのです。手術は成功し、手術前のことを普通と変わらず思い出せました。また、ミルナーと現在の状況について会話をする際も不自由はありませんでした。しかし、しばらくミルナー

が席を外すとたちまち会話の内容も彼女と話していた事実も忘れてしまいました。つまりモリゾンさんは直近のことを記憶することができなかったのです。このため、彼の記憶は手術の前までの状態にとどまってしまいました。この臨床報告から、記憶には少量の情報を短時間だけ保持する**短期記憶**と、多くの情報を長時間にわたり保持する**長期記憶**の二種があるのではないかという仮説が考えられ始めました。つまり、情報はまず短期記憶に入れられ、そこから順番に長期記憶に転送されてゆくと考えるのです。モリゾンさんの場合は、この転送にかかわる脳の部位を手術により失くしたと考えられます。この考え方によれば記憶の構造はワインボトルのような単純な形ではなく、いわばコカコーラのボトルのようにくびれた二重構造といえます。

　ミルナーのような臨床事例ではなく、記憶の二重構造仮説をもっと明確に示す心理学の実験があります。

　実験者は簡単な三文字の単語（りんご、つくえ、カメラ、など）を十数個ほど集めて用意し、被験者に1単語あたり2秒ほど次々に見せて記憶するように求めます。単語を終わりまで見せた後、被験者に記憶できた単語を可能な限り再生してもらいます。このような実験をしますと、正しく再生される単語は見せた順番によって異なってきます。正しい再生が行われやすいのは、最初のほうと最後のほうで、中ほどに見せた単語の再生率は良くありません。この理由は、記憶が二重構造になっているためで、最初のほうの単語は長期記憶にすでに転送されているために思い出しやすく、最後のほうは短期記憶にまだ存在しているから思い出しやすい、逆の中ほどの単語は転送中で定着していないからだと考えられます（図3.1参照）。

　このように、記憶されている時間の長さから記憶のメカニズムをモデル化する試みを提唱者の名前から「アトキンソンと

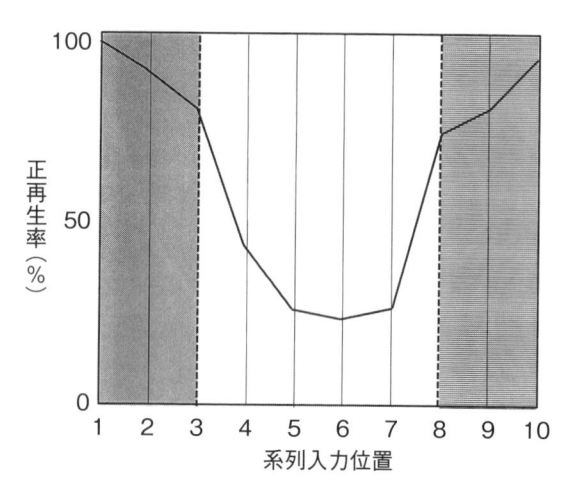

図3.1 系列位置による正再生率
　記憶すべき項目が10個であった場合、最初と最後に近い項目が正しく再生される傾向にあります。これは図の右側に示したグレーの部分が長期記憶から再生され、右側の横線で示した部分が短期記憶から再生されるためと考えられます。

シェフリン (Atkinson & Shiffrin) のモデル」といいます。古典的で広く受け入れられている理論ですので、以下に記憶情報の流れに沿って説明してゆきます。

2. 短期記憶の特徴

　短期記憶は短時間、少量の情報を記憶しますが、それはどのくらいの時間、どの程度の量の情報をどのような形で保持するのでしょうか。

2.1 短期記憶の時間的限界

　まず、時間的限界についての簡単な実験を紹介します。記憶

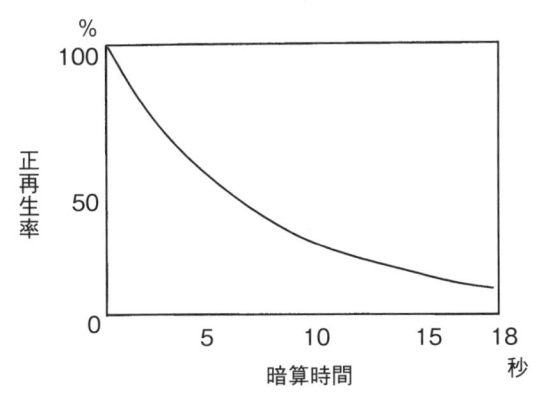

図 3.2 短期記憶からの忘却（ペーターソンの実験より）

すべき情報として意味のない3文字アルファベット（たとえばＴＧＪなど）を2秒ほど見せて、直後に暗算問題を与え、次に最初のアルファベットを思い出させるという実験です。この暗算は見せた情報が短期記憶から長期記憶に転送されるのを防ぐためです。暗算時間が短ければ情報は短期記憶内にとどまり思い出すことができますが、長ければ情報は短期記憶から消失して思い出せなくなります。暗算時間を増加させるにしたがい短期記憶内の情報は消え去ってゆきますので、暗算時間の関数として短期記憶の時間的限界を測定できます。このような実験での結果は、15秒ほどで全体の80%が消失するというものでした（図3.2参照）。

2.2 容量限界

それでは短期記憶の容量はどのくらいでしょうか。これについては、きわめて簡単な実験で、しかも興味ある結果が知られています。まず、無作為に選んだ数字を1個ずつ、最初は3個

ほど連続して読み上げて記憶してもらい、これを思い出させます。たとえば、「8, 1, 2」という具合です。大人なら簡単に思い出せますので、次は連続4個にして、「5, 9, 3, 7」というように次第に読み上げる数字の数を増やしてゆきます。そして連続して何個までなら思い出せるかを測定するのです。結果は多くの人で安定していて、おおよそ7±2個ほどです。少なくとも5個、多くても9個までの数字なら一度に記憶することができるようです。おもしろいことは情報が数字1個ずつではなく、3文字の単語（リンゴ、キツネ、カメラなど）を用いて同様の実験をして見ますと、やはり記憶できるのは7±2単語です。そして、12文字の諺（良薬は口に苦し、飛んで火に入る夏の虫、など）を用いても、やはり7±2諺を記憶できます。つまり、記憶すべき情報の種類が文字であろうと単語であろうと、また諺であろうと7±2個なのです。このことから、短期記憶の容量は文字数などの単位にかかわらず、まとまりのあるもの（束の意味でチャンク）なら**7±2チャンク**といわれ、その平均値が7であることから発見者のミラー（G. A. Miller）はマジカルナンバー7と表現しました。この場合、チャンクになりうるものは、単語や諺などすでに知っている知識でなければなりません。

2.3 情報の形式

　情報は短期記憶にどのような形で保たれるのでしょうか。たとえば、文字列を記憶せねばならないとき、それを見せられたままの図形やイメージとして記憶するのか（これを視覚符号化といいます）、それとも音声や名前として記憶するのか（音声符号化）という疑問です。一般的には短期記憶の情報は音声コード化されていると考えられています。その証拠は、たとえ

ばＲＬＢＫＳＪのような文字列の記憶の再生実験を行うときに生じる間違い（エラー）を分析することで知ることができます。これらの綴りは、ＲＬＴＫＳＪのように音韻が似ている綴り（ＢをＴと誤る）として再生されることが多く、ＲＬＢＫＳＩのように形が似ている（最後のＪをＩと誤る）綴りとして再生されることは少ないのです。また、ＴＢＣＧＶＥのように発音が似ている綴りは記憶しにくいことから考えても短期記憶の情報は音声符号化されて記憶されると考えられます。

2.4 短期記憶とワーキング・メモリー

ところで、なぜ記憶には短期記憶というリセットされやすい記憶機能が組み込まれているのでしょうか。記憶の本来の機能が情報を保持することだけであるなら短期記憶は不要で長期記憶だけでよいはずです。この疑問に対するヒントを与えてくれたのは、バッドリー（A.Baddeley）による**ワーキング・メモリー（作動記憶）**という考え方でした。バッドリーは短期記憶が単なる情報の貯蔵庫ではなく、一時的に情報を処理するために必要な作業場所ではないかと考えたのです。たとえば友人と会話しながら自動車を運転したり、食器を洗いながらテレビを横目で見ていたりなど、日常生活では同時に異なることを行うことがしばしばあるものです。このような場合、私たちは話に登場する人の名前や関係を音声情報として一時的に保存しつつ、同時に目の前に出現する景色や状況を視覚情報として記憶し、現在進行形の形で判断や予測を行っています。いわば何冊かの心のメモ帳を用意し、自由にそれらに記入しては消し、また新たに書き込みつつ次々に処理を行っているのです。バッドリーはこのような一連の情報処理が短期記憶を中心に行われると考えました。彼によれば、短期記憶は目の前に次々と提示される

情報を種類に応じて一時保存し、必要に応じて処理してゆくような能動的な記憶システムということになり、まさに作動記憶とよぶにふさわしいといえます。

バッドリーはワーキング・メモリーの構成要素として３つの回路を設定しました。音声の情報を保持する「音韻ループ」、視空間的なイメージを保持する「視空間スケッチパッド」、各情報に注意配分することで全体をコントロールする中央実行系の３つです。彼のモデルは注目を集め、現在も多くの実験により検証が進められています。そして、最近では短期記憶という言葉の代わりにワーキング・メモリーという言葉が使われるほどに認められています。

３．長期記憶への転送

短期記憶の情報はどのようにして長期記憶に転送されるのでしょうか。この転送が効率的に行われると、情報は長期記憶に保持されて思い出されやすくなります。もっとも単純でよく知られている転送の方法は、「維持リハーサル」とよばれる方法です。これは情報を機械的に何度も繰り返して長期記憶に転送するやり方です。たとえば、英語の単語や歴史の年代を憶えるときに、何度も口の中でつぶやいたり、紙に書きつけたりすることなどです。この方法は機械的で簡単ですが、よほどリハーサルを繰り返さない限り長期記憶へ転送できないことは経験的に理解できます。

もう１つの方法は、情報を異なる視点から加工して記憶する方法です。たとえば、歴史の年代に語呂づけしたり、英語の単語を憶える際に音節ごとに分解したりするとよく記憶できます。このように提示された情報をより深く処理して転送するやり方

は「精緻化リハーサル」とよばれています。いわゆる記憶術とよばれる方法も簡単な精緻化リハーサルを用いています。たとえば、イメージ法といわれる記憶術では矢継ぎ早に示される情報を身体の各部位（ほとんどは頭の頂上から足先に向かって）に結びつけて記憶したり、駅から自宅までの道順をイメージしつつ、それに沿って情報を並べて記憶したりします。また、ストーリー法とよばれるやり方では、提示される情報から浮かぶイメージをつなぎ合わせ1つの簡単な物語にして記憶します。

　精緻化リハーサルでは、情報を処理すればするほど長期記憶に転送されやすいと考えられています。これを「処理水準説」といいます（CraikとLockhart）。たとえば、「パン、りんご、たまご、キャベツ……」という単語を1つずつ見せるたびに、単語の文字の形態（カタカナか平仮名か）についての処理を求め、その後に提示された単語（パン、りんご、たまご……）を思い出させる場合と、提示された単語1つずつについて自分が好きか嫌いかについての判断を求め、その後にどんな単語が提示されたか思い出させる場合を考えてみます。すると、文字の形態のみの処理を求められた場合よりも自分の好悪という自己準拠についての判断を求められた場合のほうが情報はより多く記憶されています。これは文字の種類より自分との関連についての判断のほうが、より深く考えられたため、つまりより深く処理されたためであると考えられています。

4．長期記憶の特徴

　私たちの使用する言語の単語や文法、憶えた知識や技術、以前聴いた音楽や会話の声、見た景色や出会った人物の顔、思い出の場面など、長期記憶は膨大な情報を記憶できますが、実際

にどのくらいの量をどのくらい長期に記憶しているかについては詳しくわかっていません。しかしながら、すべての情報を得たときの状況のままで長期に記憶するのでは負荷が大きすぎますので、長期記憶は情報に何らかの加工を行って記憶し、思い出すときは必要に応じてもとの状態に解凍しているのだと考えられています。そこで、長期記憶がどのような形で情報を保持しているかについて説明します。

　古典的な研究として文章の長期的記憶の再生実験があります。不思議な物語を話して聞かせ、1週間後、2年半後に再生させる実験です。そうしますと、物語は全体が短くなってゆき、特有の名詞が身近な名詞に置き換わり、筋が論理的なものになってゆくことが示されています。これは私たちがおとぎ話を思い出してみればよく理解できます。たとえば、さるかに合戦の登場人物（？）と筋をすべて正確に話せる人は少ないと思います。このように長期記憶は情報を縮減し、平均化して記憶していることがわかっています。近年、このほかにもいくつかの情報変換の様式がわかってきました。

4.1　情報の意味的変換とネットワーク化

　近年の認知心理学的研究で、長期記憶では情報の意味が記憶されることがわかってきました。たとえば、いくつかの単語を見せて記憶してもらい、その数週間後に見せた単語と他に色々な単語を混ぜてリストを作り、それぞれの単語が最初に憶えた単語であったか否かの再認を行ってもらいます。このとき、色々な単語としては以下のような種類の単語です。
　①最初の単語と音声的に似た単語
　②視覚的に似た単語
　③意味的に似た単語

これらの単語を取り混ぜて見せます。その結果、もっとも誤って再認される単語は③の意味的に似ている単語であることが判明しました。長期記憶内の情報の形と似ているほど間違えやすいと考えられますので、情報は意味的に憶えられているといえます。

　また、他の実験では短い文章を記憶させ、その後、この文章とまったく同じ文章および類似した他の文章を混ぜて示し、記憶した文章と意味が同じかどうか判定させる実験が行われました。そして、その判定にかかる時間（反応時間）が測定されました。

　たとえば記憶すべき文章として
「彼は委員会にその科学論文を送った」 を記憶させた後に、
　①**「その科学論文は彼から委員会に送られた」**←同じ意味ですが、文体が異なる文章。
　②**「委員会は彼にその科学論文を送った」**←文体は同じだけど意味が異なる文章。

　これらの文章と最初に記憶した文章そのものが混ぜられて示され、記憶した文章と同じ意味かの判定が求められました。このような実験をしますと、文章を記憶した直後の反応時間と、それから数分後の反応時間には違いが見られました。文を記憶した直後には、意味は同じだけど文体が異なる文章の判断には時間が長くかかってしまいました。しかし、数分も経ちますと、文体は異なっても同意味の文章は最初に記憶した文章と同じくらい速く判断されるようになりました。このことは、数分の間に長期記憶が情報を意味的に変換して記憶していったことを示すと考えられます。

　次に、意味的に変換された情報は単一で存在するのではなく相互に関係を持ちつつ、いわばネットワーク化されていること

もわかりました。このことをコリンズとキリアン（Collins & Quillian）は有名な実験により示しています。彼らは、答えがイエスかノーかで解答できる簡単で短い質問をいくつか用意し、その解答に要する時間を測定しました。たとえば、以下のような質問をしました。

Q1. カナリアの羽は黄色ですか？
Q2. カナリアは空を飛べますか？
Q3. カナリアはエサを食べますか？

これらの質問の答えはすべてイエスで、カナリアという小鳥について当たり前のことばかりですが、不思議なことにイエスという答えを出すまでの時間が微妙に異なったのです。彼らの実験では、**Q1**の解答がもっとも速く平均で1310mm/秒（1mm/秒は1/1000秒）でした。**Q2**の解答には平均1385mm/秒かかり、**Q3**には平均1460mm/秒を要しました。つまり、**Q1**から**Q3**になるに従い反応時間は75mm/秒ずつ長くなったのです（図3.3参照）。彼らはこの時間の遅れが生じた理由を、長期記憶内の情報が階層的な構造をしたネットワークとして組み立てられているからだと解釈しました（図3.4参照）。たとえば、カナリアは独自の綺麗な鳴き声と黄色い羽毛を特徴とした鳥として記憶されています。一方、鳥は翼を持ち、空を飛び、くちばしと羽毛を持った動物として記憶されています。そして動物は、動く、えさを食うなど、特徴も持って記憶されています。これらの、カナリア、鳥、動物という情報の相互関係はいちばん上位に動物が配置され、次に鳥が、そしていちばん下にカナリアが配置されるというように上下関係を持って記憶されていると考えたのです（インコはカナリアの隣くらいでしょうし、魚は1つ上で鳥の隣くらいでしょう）。このような長期記憶の構造を考えますと、**Q3**の質問に答えるためには長期記憶

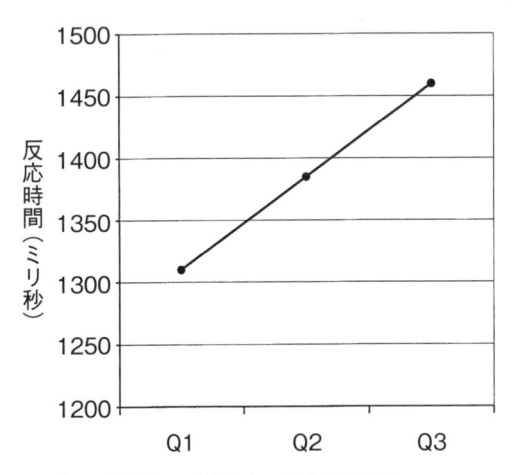

図 3.3 それぞれの質問への回答までの反応時間

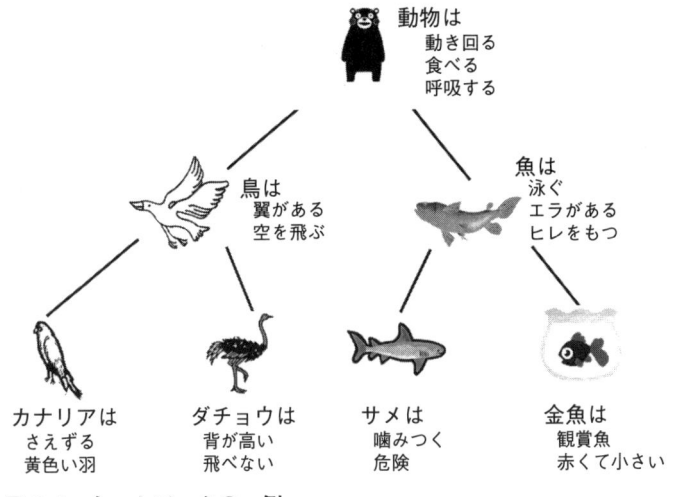

図 3.4 ネットワークの一例

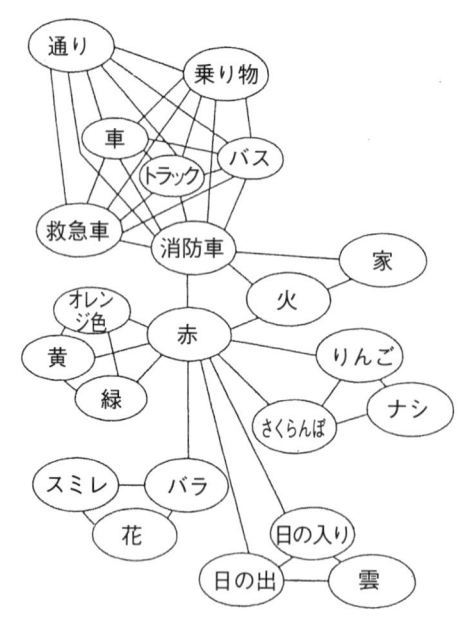

図 3.5　意味ネットワークモデルの一例
（太田・多鹿（編著）「記憶研究の最前線」（北大路書房，2000）を改変）

内でカナリアから出発して、その2段階上位の情報までたどらねばなりません。Q2 に答えるためには1段階上の情報まで確かめねばなりません。しかし Q1 の質問には出発点の情報だけですみます。これらに要する時間が結果として現れたのだと考えたのです。こう考えると、「クジラは魚ですか」という質問にノーと答えたり、「ペンギンは鳥ですか」という質問にイエスと答えたりするのには時間を要することが理解できます。

　彼らのネットワークモデルは記憶情報がまるで生物の系統樹のような階層性を持つことを仮定しましたが、その後の多くの追試によって、最初に仮定されたような厳密な階層性は存在しないことが判明してきました。そこで、現在では、情報の意味

的な類似性が中心となってネットワークが形成されるような「意味ネットワークモデル」が考えられています。図3.5に示したのはコリンズとロフタス (E. Loftus) のモデルです。彼らのモデルによれば、情報はそれぞれの意味的な特徴を持っていて、その特徴の類似性あるいは共通性が多いほど近接して結合し、リンクし合うと考えられるのです。たとえば、消防車はバスやトラックなどの作業用自動車の仲間として記憶されていますが、その中でも救急車との関連がもっとも強く結合して存在するといえます。

4.2 長期記憶の情報の種類

長期記憶の情報は互いに構造化されて概念や知識あるいは思い出などを構成してゆきますが、近年これらをいくつかの種類に分けるべきだという考えた方が生まれてきました。1つは、今まで述べてきたような「カナリアは黄色い小鳥である」とか「仏教はインドで生まれた」など一般的な事実や定説に関する記憶あるいは知識です。これらはそれぞれが意味を持っていますから**有意味記憶**とよばれ、誰もが共有できる記憶です。

一方、私たちは自分の体験に結びついた記憶、たとえば、中学校の卒業式の様子や、先週見た映画の場面、恩師が掛けてくれた言葉などの記憶を持っています。これらは特定の場所や時間とともに記憶された個人的記憶ですので**エピソディック記憶**とよばれています。これらを分ける理由は、特定の記憶障害（記憶喪失）を持った人々には有意味記憶は残存していても個人的記憶は思い出せない人がいるからです。有意味記憶もエピソディック記憶もいわゆる言葉で表現できるという意味で、まとめて**宣言的知識**とよばれます

もう1つの記憶の種類はスポーツの技、楽器の演奏テクニッ

ク、自転車の乗り方など技能に関する記憶です。また、この章の最初に説明した条件づけなども含まれます。これらは練習で次第に上達し、しかも一度学習してしまうと記憶として定着しますが、それを言葉で表現することはなかなか困難です。これらの記憶は宣言的知識に対して**手続き的知識**とよばれますが、この種類の記憶の存在は記憶喪失の患者の観察によっても明らかにされています。記憶喪失の患者は重篤な場合、宣言的知識を失い言葉も話せない場合があります。しかし、それでも以前憶えた技能（たとえば自転車に乗る、楽器を演奏するなど）は忘れていませんし、新たな技能を普通の人と同じくらいの練習量で憶えることができるのです。長期記憶の中でこの手続き的知識は、「こういう場合はこうする」というような規則の集合体（ただし言語化はされていない）として記憶されていると考えられています。

4.3 忘却の理論

　私たちの忘却の仕組みを知ることは重要なことです。なぜなら、そこから忘却しないための方法が示唆されるからです。初期の忘却の理論は「減衰説」が有力でした。19世紀末の心理学者エビングハウス（H. Ebbinghaus 1850～1909）は自分自身を被験者として、意味のない単語13個を完全にエラーなしで2回連続して再生できるまで憶えた後に、どれくらい長い間記憶しているかを記憶後20分から1カ月に渡り試してみました。すると、図3.6に示すように最初の20分ですでに全体の40％を忘却し、1時間で60％、8時間で65％ほどを忘却していました。しかし、その後は急激な忘却はなく、ゆるやかに忘れ、1カ月後でも30％ほどは忘却されずに記憶され続けているような曲線が得られました。彼はこの曲線を「忘却曲線」と名づけ、

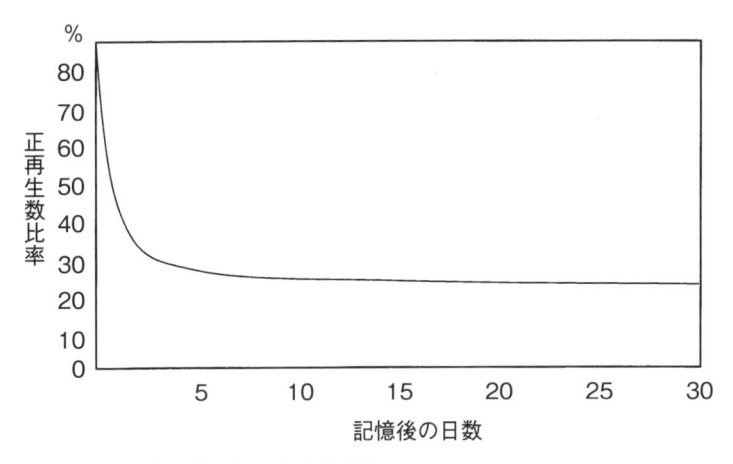

図3.6　エビングハウスの忘却曲線

忘却の主たる要因は時間であり情報は時間経過とともに消え去る、という「減衰説」を提唱しました。

　ところが、その後、同じ時間を経過しても忘却が進む場合と進まない場合があることが実験的に示されました。その実験では、まず一人の人に朝方に無意味な単語を10個完全に憶えてもらいます。その後、昼間は普段の生活を続けてもらいながら、朝から1，2，4，8時間後のそれぞれの時間に記憶した無意味単語をどのくらい憶えているかが試されました。結果は、エビングハウスの実験と同じようにおよそ2時間で70％ほどが忘却され、その後はゆるやかに忘却が進むという具合でした。次に、同じ人に同じくらい無意味な単語を10個憶えてもらい、今度はそのまま睡眠をとってもらいました。そして、1，2，4，8時間後に起こしてはどのくらい記憶しているか尋ねたのです。すると結果は、睡眠をとった場合には忘却が少なく、およそ2時間後で50％ほどが忘却されたものの、その後は忘却が進み

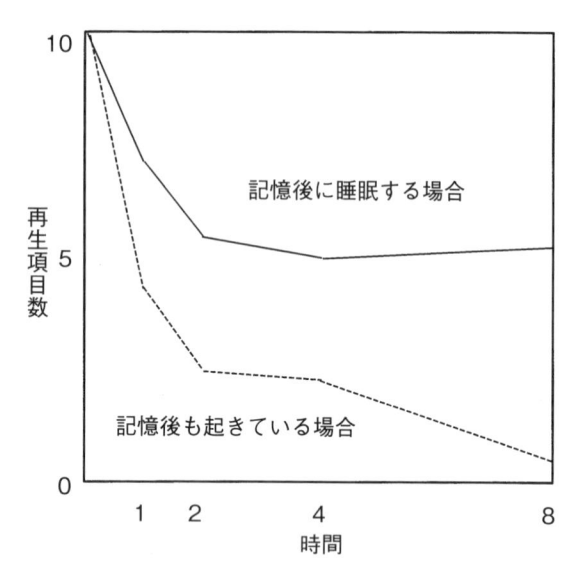

図3.7 睡眠と日常生活による保持の差

ませんでした（図3.7参照）。実験は同一人物で行われたのですから記憶力の差ではありません。しかも同じような単語を完全に記憶し、その後に同じ時間が経過しているのですから、減衰による忘却は同じように進行するはずです。それにもかかわらず記憶に差が生じたことは減衰説では上手く説明できません。

減衰説は日常経験的にも直感的にも理解しやすい説でしたが、今述べたような矛盾を解決できないために新しい説が提唱されました。

(1) 干渉説

上記の実験では条件差として、記憶後に普段の生活をするのか、それとも睡眠をとるかの違いがあります。人は起きて生活している場合、様々な情報に晒され、いやおうなく多くの情報を記憶しなければなりません。そうしますと朝に憶えた単語と

新たに入力された情報が長期記憶内で相互に干渉し合い、その結果として朝方に記憶した情報が妨害され消し去られるのではないかという考えが生まれました。一方、記憶後に睡眠しますと、新たな情報は入力されませんので干渉もなく忘却は生じにくいと考えます。このような考え方を**干渉説**といいます。そして、干渉の仕方について2種類が考えられました。

1つは、以前に記憶したことが新たな記憶を妨げる**順向干渉**です。たとえば町名改変されますと旧町名はいえても新町名が憶えられないような場合です。もう1つは、その逆で、たとえばドイツ語に習熟しますと以前に学んだ英語までドイツ語的に発音してしまうように、新たな学習が以前の記憶を妨げる**逆向干渉**です。干渉説は広く受け入れられ、忘却の主要な理論になっていますが、この説にしたがえば、類似した学習を連続しないことや暗記したら睡眠をとることが多くを記憶するコツだといえます。

(2) 検索失敗説

近年、干渉説の他にもう1つの新たな忘却の理論がタルヴィング (E. Tulving) により提唱されました。その新たな説では、情報は消し去られずに記憶内に存在し続けると考えます。それではなぜ思いだせないかというと、記憶内で情報を見つけ出すこと、つまり検索することができないために忘却すると考えるのです。これを**検索失敗説**といいます。干渉説では情報が相互干渉により消し去られると考えますが、検索失敗説では情報は依然として記憶内に存在するが、それにいたる道筋を失うと考えるのです。日常的には「咽まで出掛かっているが思い出せない」という現象や、古いアルバムを見ているうちに当時の忘れていた色々な出来事を思い出す現象を、この検索失敗説は説明することができます。

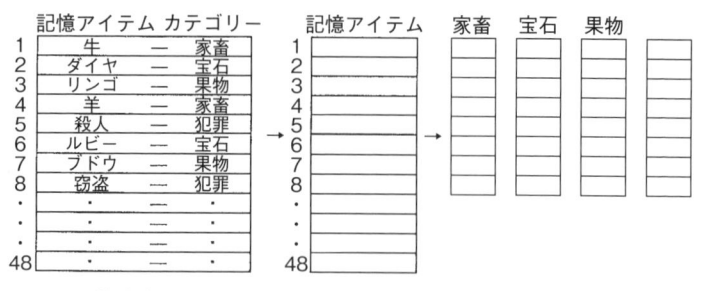

	記憶アイテム	カテゴリー		記憶アイテム	家畜	宝石	果物
1	牛	— 家畜	1				
2	ダイヤ	— 宝石	2				
3	リンゴ	— 果物	3				
4	羊	— 家畜	4				
5	殺人	— 犯罪	5				
6	ルビー	— 宝石	6				
7	ブドウ	— 果物	7				
8	窃盗	— 犯罪	8				
⋮	⋮	— ⋮	⋮				
48	⋮	— ⋮	48				

図 3.8 検索失敗説の実験図式

　検索失敗説を検証するために行われた実験は図 3.8 の左側に示すようなリストの記憶と再生でした。被験者はリストの左側に示す記憶アイテムの単語のみ（牛、ダイヤ、リンゴ……など全部で 48 語）を記憶するように求められました。ただし、それぞれの単語の右側にはその単語が属する何種類かのカテゴリー名が示してありましたが、それらを記憶することは求められませんでした。

　記憶の再生は図の中央に示すような 48 個の空欄を用意して、思い出せる記憶アイテムの単語を自由に記入してもらうというものでした。結果として、再生された単語数は平均して 20 語以下でした。ところが、図の右側に示すようなカテゴリー別の空欄を用意して、その下の空欄に記憶アイテムの単語を記入するように求めると再生語数は 28 語に増大しました。カテゴリーが検索の手がかりとなって忘却したと思われた単語が思い出されたことになります。

　この説にしたがえば、記憶する時は多くの手がかりとともに記憶すること、とくに前もって情報の分類法を知ってから記憶することが忘却を防ぐといえます。

4章

授業の理論

1. 学習の転移とメタ認知

 「勉強は何のためにするの？」とか「学校の教科はなんの役に立つの？」という質問が生徒から発せられることがあります。これは生徒としては率直な疑問ですが、なかなか奥の深い質問といえます。「知識や技術を得るために勉強する」というのが最初に浮かぶ回答かもしれませんが、人は勉強することで単に知識や技術を得るだけではなく、それ以上のものを得ているらしいのです。では、それ以上のものとは何なのでしょうか。

 この質問に関して、心理学では古くから**学習の転移**という現象が知られていました。学習の転移とは、以前に学習したことが以後の学習に影響をおよぼすことを指します。転移には以前の学習が後の学習を促進する場合（**正の転移**）と、逆に妨害する場合（**負の転移**）があることが知られています。正の転移の例としては、英語を長年学習した後にドイツ語の学習を始めると、ドイツ語が英語と同じレベルまで上達するのに英語のときよりも年月が短くてすむことなどです。逆に、負の転移の例としては、車両の交通規則が左側である国（日本やイギリス）で車の運転を学習した後に、右側通行の国（北米や多くのヨーロッパ諸国）で車を運転しなくてはならなくなったとき、運転に慣れずハンドルさばきが不手際になる現象などです。

 このような転移という視点から見れば、教科の学習を含めて学校で学ぶことには、後の人生において何らかの正の転移をおよぼすことが期待されているといえます。しかしながら転移には、正、負という方向性があること、それが学習の課題や反応の類似性などで異なってくることなどが知られていますが、転移するものの正体、つまり何が転移するかについてはよくわ

かってはいませんでした。

　近年、私たちがある行動の学習を続けると、その行動自体が上達するほかに、学習や問題解決の全般に共通する知識や方略も学ぶという考え方が注目されています。たとえば、スポーツや語学あるいは教科を一生懸命勉強してゆきますと、それらに独自の知識や技術が上達する一方で、それらの習得過程において自分にはどのような強みや弱点、あるいは癖があるのか、また、自分は習得過程のどの段階にあるのか、今後どうすればよいのか、など自分の学習の様子を一歩はなれた視点から見ることができたり、自分の学習状況をより効率的に制御できたりするようになるのです。これらを可能にする機能は**メタ認知**（metacognition）とよばれています（ブラウン 1978）。メタとは「超越した」とか「高位の」という意味ですから、メタ認知とは認知的活動を認知するというのが本来の意味で、認知科学の用語です。このメタ認知の能力により、学習している自分の様子を客観的にあるいは上位の視点から見る（認知する）ことが可能になります。このメタ認知の能力こそが、先ほど述べました勉学することで得られる知識や技術より以上のものと考えられているのです。

1.1　メタ認知的知識

　メタ認知の内容としては、まず、**メタ認知的知識**というものが考えられています。これは、学習者自身の認知に関する知識のことです。例としては以下のような知識が考えられています。

（1）自分の認知能力や特徴についての知識

「自分は暗記物が得意だが応用問題は苦手」、「自分は考えを図にすると理解しやすい」、「自分は文章に書くより口で説明するのが得意」などです。

(2) 人間の認知特性の一般についての知識

「人が集中して話を聞けるのは 60 分が限度だ」、「一般に数学など頭を使うものは午前中にするのがよい」、「人は不安があると考えに集中できない」などです。

(3) 個々の課題についての知識

「計算はスピードより正確さが基本」、「歴史の年号は語呂合わせで憶えるのがいちばん良い」、「英語の単語は語源で憶えると増える」などです。

(4) 他人の認知能力についての知識

「彼の技にはスピードがあるけど不確実」、「彼女は口下手だけど文章は上手い」、「あの子は慣れるのに時間がかかるけど、誰より伸びる」などです。

1.2 メタ認知的活動

メタ認知には以上に説明しましたようなメタ認知的知識の他に、メタ認知的活動という学習者自身の学習状況についての認知も含まれます。これは学習している自分の現状を一歩はなれて客観的に眺める行為、また修正する行為です。たとえば、

(1) メタ認知的モニタリング

「方程式の立て方がまだ自分はよく理解できていないようだ」、「自分の演奏のこの部分が未完成だ」、「自動車の運転はベテランではないが、初心者の域は脱した」などです。

(2) メタ認知的コントロール

「考えが空回りしているので、休もう」、「行き詰っているので基本に戻ろう」、「別の解決方法を探ろう」などです。

これらのメタ認知的知識や活動は現在盛んに研究されている分野で、今後の理論の発展が期待されているのですが、ここでそれらメタ認知が教育の分野で実際にどのように作用するかを

示している実践的研究を紹介します。

ショーンフェルド(1994)は大学の数学授業の全期間を通じて、学生たちが問題を解いているときに彼らの間を巡回しつつ、次のような3点について説明できるように声を掛け続けました。

(1)「現在自分がやっていることを正確に口でいえるか」
(2)「その理由は何か」
(3)「その結果を次ぎにどのように利用するのか」

ということです。学生達は学期の始めにはこのような質問を問題解決中にされても上手く応えられませんでしたが、やがてこの質問を予期して応えるように準備するようになりました。すると、学生たちの問題解決の思考方略は、次第に数学の専門家のそれに近づいていったとショーンフェルドは報告しています。問題解決に当たり、現在の自分の方針やその理由、その妥当性や進行状況についてつねに振り返ってみるという、いわばメタ認知の能力の活性化が質問により図られたことを、この報告は示しています。

次に、パリンサーとブラウン(1984)の実験研究を紹介します。彼らは国語の読解力が同程度によくない中学生を集め、彼らをいくつかのグループに分けました。生徒たちはそれぞれ異なった授業方法で教えられ、その後読解力の伸びをテストで確かめられました。用いられた授業方法は以下の3つでした。

(1) 読解力を伸ばす方法を生徒同士が教えあう授業方法(相互教授群)
(2) その他に読解力をつけるための方略を教師が直接教える授業方法(直接教授群)
(3) 方略を教えられない授業(統制群)

結果として、(1)の相互授業群の生徒達は後のテストで30%近い伸びを示しましたが(2)の直接教授群は10%程度の伸び

でした。ちなみに、(3)の統制群は数パーセントの減少が見られました。このことは、(1)の相互学習群では、生徒同士が互いに自分の理解内容を説明したり、他人の内容を傾聴し、評価したりするなどのメタ認知的活動が促進された結果と考えられます。

2．動機づけの理論

　人の意欲を高めることを、動機づけと心理学ではいいます。「馬を水場に連れて行くことはできても、水を飲ませることはできない」と古い諺にありますが、学習環境のみを整えても勉学の意欲のない生徒に勉強させることはなかなか難しいのです。この意味で学習への動機づけは教師にとってもっとも重要なテーマといえますが、学習への動機づけは人が基本的に持っている欲求（動因）を基本にして行われますので、まず初めに人間が根源的に持っている欲求について説明します。

　動機の理論としてもっとも有用でしばしば引用される理論に**マズロー**（A. H. Maslow）の**欲求階層説**があります。欲求階層説は人の欲求（動因）が下位から上位に向かう階層的構造をしていると考えます（図4.1参照）。まず、根底には生命の維持に必要不可欠な生理的欲求が存在すると考えます。食物や水分、睡眠など生命維持のための欲求です。その上位には、自分の安全性や安定性、あるいは自分への愛情や承認などを求める心理的社会的な欲求が存在すると考えます。これらは下位の生理的欲求が満たされることによって生じると考えています。その心理社会的欲求のさらに上位は自分らしさに係わる欲求で、自分で何かを達成したい、自律的でありたい、あるいは自分らしく生きたいというような高次で個人的な欲求が存在する、という

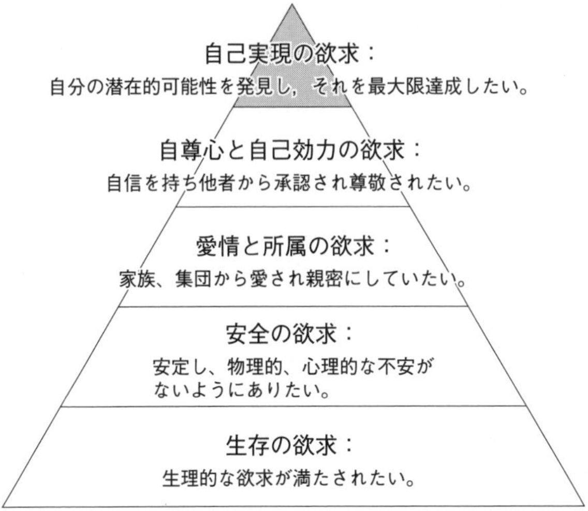

自己実現の欲求：
自分の潜在的可能性を発見し，それを最大限達成したい。

自尊心と自己効力の欲求：
自信を持ち他者から承認され尊敬されたい。

愛情と所属の欲求：
家族、集団から愛され親密にしていたい。

安全の欲求：
安定し、物理的、心理的な不安が
ないようにありたい。

生存の欲求：
生理的欲求が満たされたい。

図 4.1 マズローの欲求階層の概念

　A. マズロー（A. H. Maslow　1908～70）はアメリカの心理学者でした。彼は人間の欲求を図に示したようにピラミッド型の階層構造で表しました。食物や睡眠などの生理的欲求は「欠乏欲求」として最下層にまとめられ、その上位に、安全や愛情、自尊心などの心理的欲求を配し、最上位に自己実現という「成長への欲求」を置きました。そして、マズローはより上位の欲求になるほど、それを満たせる人は少なくなると考えていました。このモデルは生理的欲求に注目していた従来の研究に比べ、より包括的で人間らしさを与えるモデルとして画期的でした。ただし、理論上のモデルであり実証はまだ十分になされているわけではありません。

階層構造を考えました。これらの階層性の中で、下位にある生理的欲求およびその上位の安全、安定、愛情や承認などの欲求は、すべて欠乏することを満たそうとする欲求ですので、「欠乏欲求」とよばれます。一方、それより高次の欲求は個人の自己実現に関わる欲求ですので「成長欲求」とよばれています。

2.1 外発的動機づけ

さて、上記のような人の階層的欲求を基礎として勉学に関する動機づけはどのように高められるのでしょうか。もっとも単純な方法は学習の原理のところで述べたオペラント条件づけを応用した方法で、外部から正の強化子である報酬（快をもたらすもの）あるいは罰などの負の強化子（不快をもたらすもの）を与えて動機づける方法です。報酬を与える例としては「良い成績を取ったらお小遣いを増やす」「良い作品には賞を与える」などの直接に報酬を与える方法や、「成績順に張り出す」「読んだ本の多さをグラフにして発表する」など生徒を競争させて、その結果の名誉を報酬とする間接的な方法がよく用いられます。また「宿題を忘れたら居残り勉強」など罰や恐怖による方法もあります。これらは賞罰や競争など外部からの働きかけによって学習の動機づけを高めようとする意味で**外発的動機**づけとよばれています。この方法は人の愛情や承認、評価など心理社会的な欲求に根ざした方法であり、誰にでも「やる気」を高める一般的で即効性のある方法といえます。

しかしながら、学習意欲を高める手段としての外発的動機づけには、いくつかの負の側面が指摘されています。その１つは、手段である賞罰や競争が目的化するという点です。つまり、ご褒美目当てや罰逃れに勉強したり、競争で勝つために努力したりするようになることです。このような「手段の目的化」が生じた場合には、本来勉強させるための手段であった賞が与えられなくなったり、競走や罰が行われなくなったりしますと、それに伴って勉強も努力もなされなくなります。それどころか、賞が与えられない場合よりさらに意欲が低減するという報告があります。

デシ (1971) は大学生に立体パズルを解かせて、パズルを解いたら報酬をもらえる場合と解けても報酬をもらえない場合ではパズルへの熱中時間が異なることを調べました。パズルを解くことに時間をかけるほど意欲が高いと考えられますが、大学生が立体パズルに熱中する一般的な時間は約210秒から250秒くらいでした。そこで、大学生を報酬群と報酬なし群の2グループに分けて、実験の前半では報酬の効果を調べました。

　(1)「報酬群」の学生にはパズル解きに成功すれば1ドルの報酬を与えるようにしました。

　(2)「報酬なし群」の学生にはパズル解きに成功しても報酬は与えませんでした。

　すると、報酬を与えるようにしたグループがパズル解きに熱中する時間は平均して330秒であり、明らかに平均的時間よりも長く集中していました。一方、報酬なしのグループの集中時間は220秒ほどで一般的傾向と差はありませんでした。お金の報酬という外発的動機づけの効果が表われているといえます。

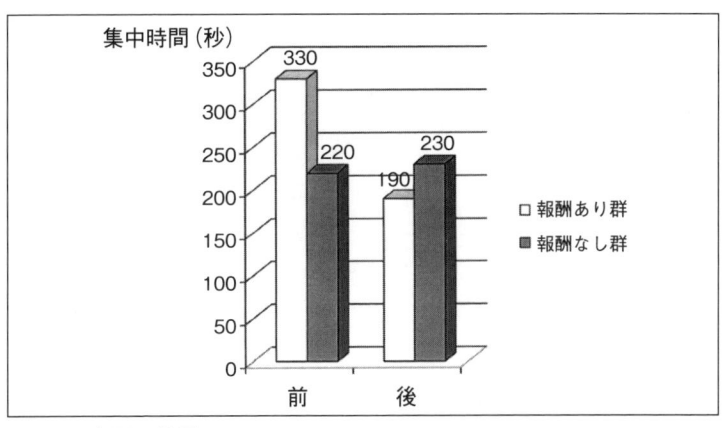

図4.2　報酬の効果

実験の後半では、報酬群にパズル解きに成功してもお金を与えることを止めてみて報酬中止の効果を調べました。するとそのグループの大学生がパズル解きに熱中する時間は190秒ほどで大きく減少してしまいました（図4.2参照）。

　報酬をもともと与えられていなかったグループの熱中時間は、相変わらず変化なく230秒ほどでしたから、明らかに報酬を与えられていたグループの学生の意欲は以前にもまして低下したと考えられます。

　外発的動機づけのもう1つの負の側面は、賞罰が与えられる本人以外にも意外な動機づけの効果をおよぼすことです。「学習の原理」の章の観察学習理論で、子どもは他の子どもが褒められたり叱られたりするのを見て自分の行動を修正する、という代理性強化の話をしました。それを動機づけの場面に用いますと事態はもう少し複雑になることが報告されています。杉村（1965）は、子どもたちに算数の問題をとかせた後に子どもたちをいくつかのグループに分け、成績が良かった子どもを褒めたり、悪かった子どもを叱ったりすることがその後の算数の成績にどのような影響を与えるかについて調べました。あるグループでは、良い成績をとった子どものみを他の子どもの前で褒めました。また他のグループでは、成績の悪かった子どものみを他の子どもの前で叱りました。このようにして、子どもの経験を以下の4つの場合に分けました。

(1) 自分が直接褒められる
(2) 他人が褒められるのを見る
(3) 自分が直接叱られる
(4) 他人が叱られるのを見る

　さて、これらの子どもたちに再度算数のテストを行い、そのテストで成績が伸びたのはどの経験をした子どもだったかを調

べました。結果として、成績が伸びた子どもの順番は(1)の「直接褒められて子ども」でしたが、それに劣らず(4)の「他人が叱られるのを見ていた子ども」も伸びていました。その次は(3)の「直接叱られた子ども」で、(2)の「他人が褒められるのを見ていた子ども」の伸びはもっとも小さかったのです。このことは、褒めることが本人にはよい動機づけになるかもしれませんが、褒められない子どもには暗黙のうちに罰を与えることを示しています。また、罰を受けなかった子どもは褒められたことと同じほどの動機づけが生じることも示していますが、叱られた子ども本人の痛手も考慮する必要が生じます。外発的に賞罰を与えることで学習への意欲を高めようとしても、その与え方には注意が必要といえます。

2.2 内発的動機づけ

マズローは、欲求階層論で人の欲求の上位には成長欲求とよばれる動機が存在すると考えました。「より成長したい」、「自律的でありたい」などの成長欲求は、学習場面では「もっと深く知りたい」、「自分の力で調べたい」、「おもしろいからさらに勉強したい」というように、自己の能力を充分に発揮して目標の達成を目指すという形で生じます。これらは外部からの報酬や罰によって生じるのではなく、学習活動自体によって学習者の内部から生じるものですから**内発的動機**づけとよばれています。

従来、学習において内発的動機づけを高めるには、人の知的好奇心あるいは興味や関心を刺激することが重要と考えられて来ました。動物が本能的に周囲の環境について探索行動をとるように、人も本来自分の周囲の出来事に興味が喚起されます。その際に、人がそれまでに持っていた知識とは異なる現象や概

念を示す方法は確かに効果的といえます。既存知識とのズレは認識上の葛藤、驚きや矛盾への気づきを起こさせ、それが一層の知的好奇心を高めると考えられるからです。

ところで、知的好奇心の刺激と並んで内発的動機づけを高めためには、人が**自己決定（自己統制）感**を持つことも重要です。自己決定感とは、人が自分で目標を定めたり、計画を立てて実行したり、その結果を評価したり、といった一連の行動を他人に強制されるのではなく自分自身で行えるという気持ちのことです。大学生でも指導教員から与えられたテーマを研究するよりも、自分で見つけた問題意識にしたがうテーマの研究が熱心で長続きすることと同じです。また、人が自己決定感を持って自分のペースとやり方で課題を達成すれば、それは自分への自信である**有能感**を生み出し、それがさらなる学習への動機を高めると考えられています。そこで、これらの自己統制感、有能感を高める方法についての研究を以下に紹介します。

2.3 学習性無力感の克服と原因帰属の修正

自己統制感、有能感を高める研究について、2つ説明します。1つは無力感の克服という観点で、もう1つは原因帰属の修正という観点です。

(1) 学習性無力感

意欲が高まることは無力感に打ち勝つことと考えられます。それでは無力感の正体とは何なのでしょうか。**セリグマンとメイヤー**（Seligman & Maier 1967）は、「やる気がないことは本来の性格などのせいではなく、経験によって身についた習慣である」と考えました。つまり、人はやる気のなさを学習すると考え、これを**学習性無力感**とよびました。彼らは2グループのイヌを用いて学習性無力感の形成過程を実験的に示しています。

第Ⅰ段階

イヌは実験装置内でハンモックに吊るされ逃げられないようにして、足元の床から身体に電気ショックを与えられました。

回避可能群　このグループのイヌは前方にあるパネルのスィッチを足で押せば電気ショックを自分で止めることが可能でした。このためしばらくするとイヌはスィッチを押して電気ショックを回避できるようになりました。

回避不可能群　このグループのイヌは床から身体に電気ショックを与えられ続け、前方のスィッチを押しても電気ショックを止めることができませんでした。

第Ⅱ段階

電気ショックを受けた経験の翌日に、両グループのイヌとも以前とは別の経験が与えられました。今度は両グループのイヌともハンモックにつるされることはなく実験装置のボックス内で自由に動くことができました。どちらのグループのイヌもランプの点灯とともに床から電気ショックを受けるのですが、目の前にある肩の高さほどの壁を跳び越せば電気ショックのない向こう側のボックスに逃げられるようにしてありました。

このような段階を踏んだ経験を犬に与えますと、第Ⅱ段階でのイヌの行動には顕著な差が観察されました。第Ⅱ段階ではどちらのグループのイヌも電気ショックを回避することが可能であったにもかかわらず、前日に電気ショックが回避可能であった回避可能群のイヌだけがランプの合図とともに壁をジャンプすることを学習できました。一方、回避不可能群のイヌは合図とともに電気ショックがきても反応が遅く、うずくまっていることが多かったのでした（図4.3参照）。

この実験で、最初の日に回避不可能群のイヌは、「自分の努力は何の結果ももたらさないこと、いわば何をやっても無駄で

回避行動までの時間（秒）

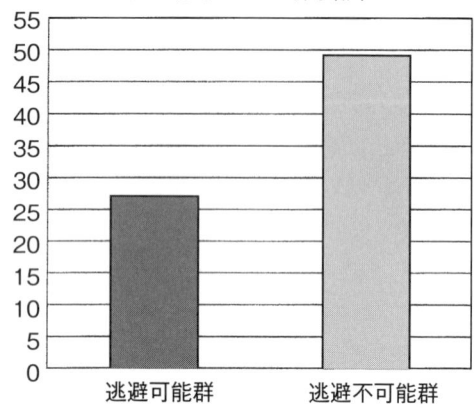

[グラフ：逃避可能群 約27秒、逃避不可能群 約49秒]

図 4.3　学習性無力感が形成されたイヌの反応

あるということ」を学習してしまったために、新たな事態である第Ⅱ段階での学習ができなかったのだとセリグマンたちは考えました。まさに学習性無力感が形成されたのです。一方、電気ショックを回避できたイヌはショックの回避という自己決定ができ、その結果として自分の行動と結果の関係を学習できたことになります。そのため新しい場面でも学習が可能だったと考えられます。

この考え方を教育場面に適用しますと、学習意欲が低下してやる気のなさそうな子どもは勉強することと良い成績をとることの関連性が体験できていない、ということになります。このような場合には自分の努力と結果についての関連性を再体験することが重要な鍵となります。

(2) 原因帰属の修正

意欲向上のために重要な観点として、学習性無力感と並ぶもう1つの観点は原因帰属です。私たちは成功あるいは失敗を経

験しますと、その原因について自分なりの解釈をすることがあります。成功や失敗の原因をどうとらえるか、つまり何に原因を帰属させるかによって、人がとる次の行動は影響されます。たとえば面接試験に不合格だった場合、自分の表現力不足のせいと考える人はプレゼンテーション力を磨こうするかもしれませんが、面接者の意地悪のせいと考える人はもう挑戦しないかもしれません。ワイナー（1971）は人の原因帰属のやり方を以下のⅠ、Ⅱの２次元に分類して、それぞれの次元の中に２つの水準を設定して考えました。

Ⅰ．原因が自分にあったか（内的）、自分以外にあったか（外的）
Ⅱ．原因があまり変わらない（安定）ものか、変わりやすい（変動的）ものか

原因の帰属先はこれら２つの次元と水準ごとの組み合わせ（２×２）により四つの場合に分類されます。表4.1は次元と水準を表の形で示すとともに、それぞれの帰属の例を示したものです。

表4.1 ワイナーの原因帰属先の分類

		Ⅱ	
		変化しない（安定的）	変化する（変動的）
Ⅰ	自分にある（内的）	①個人の能力	②その時々の努力
	自分以外（外的）	③挑戦した課題の困難さ	④運

①自分の内部にあり、しかも変動しない原因：例　個人の能力
②自分の内部にあり、時々変わる原因：例　努力
③自分の外部にあり、しかも変動しない原因：例　課題の困難さ
④自分の外部にあり、時々変わる原因：例　運

原因帰属の観点を学業の面でいえば、良い成績を自分の能力や努力など内的な次元に帰属させれば、有能感が生まれ更なる挑戦への動機づけが高まると考えられますし、悪い成績を内的で安定的な要因である能力に帰属させるとあきらめが生じて動機は低下すると考えられます。また、成績をすべて外的で変動的な原因である運に帰属させれば、結果は不確定性が高くなり動機づけが高まるとは限りません。したがいまして、意欲を高めるには、原因の帰属先を再び意欲が高まる方へ修正することが重要といえます。現在では原因帰属の次元として、その原因に自分が影響力をおよぼしコントロール可能か不可能かという次元を加え、全体を3次元で考えるモデルもあります。

　ここで、これらの学習性無力感をなくし原因の帰属先を修正することで動機づけが高まることを示した研究を紹介します。ドウェック（1975）は8歳から13歳の子どもを対象にして算数問題への動機づけが原因帰属の転換により高まることを実験で示しました。

　彼は算数の成績が振るわず、無力感を感じている子どもたち12名を集めました。その子どもたちは算数の問題にしくじると、その後の落ち込みが強く、以前ならできていた問題にも挑戦する気力が失せて解けなくなっていました。そこで、失敗にめげず再度問題に取り組めるように動機づけることを目指して、まず子どもたちを6名ずつの2グループに分けて訓練を開始しました。訓練では、

（1）1つのグループの子どもたちには彼らの実力に比較してやさしい問題を与え続けました。成功体験ばかりを繰り返させたといえます。

（2）もう一方のグループの子どもたちには、やさしい問題とともに実力より少し高めの問題を混ぜて与えました。こうし

ますと成功体験だけではなく数回に1回の割りで失敗体験をさせることになります。そして失敗体験のたびに、その失敗が努力不足のせいであることを強調しました。

このような訓練を続けながら、その効果を測るために訓練の最初、中間、終了時の3時点で算数のテストを実施しました。その算数のテストは難しい問題とやさしい問題を混ぜてありました。ドゥエックが知りたかったのは、難しい問題の回答に失敗した直後のやさしい問題に対して正答率がどれほど低下するか、でした。訓練により動機づけが高められるなら、難しい問題で失敗した後でもやさしい問題への正答率は低下しないはずです。もし無気力が改善されていなければ、失敗体験後は普段なら解けるはずのやさしい問題に対しても正答率が低いままだと考えられます。

いったいどちらの訓練方法が効果的かを2つのグループで比較しますと、訓練で成功体験ばかりを経験した(1)のグループの子どもたちは、失敗体験後のやさしい問題への正答率が50%程度に下がり、その傾向は3回のテストを通じて変化しませんでした。一方、(2)の失敗体験をするとともに原因を努力不足に帰属させたグループの子どもたちは、訓練が続くにつれ正答率の低下がなくなり、訓練終了時のテストでは失敗体験後のやさしい問題では普段より正答率が増加するほどでした。これは失敗体験がバネとなるくらい強く子どもたちを動機づけたと考えられる現象でした。

このドゥエックによる実験研究の興味深い点は、子どもの動機づけは成功体験ばかりを与えて自信(有能感)をつけさせるという方法よりも、失敗や挫折の体験を時折させながら、失敗は自分の能力より努力のせいだというように原因の帰属先を意識させるほうが効果的であることを示した点です。

3. 授業の理論

　学校教育におけるもっとも一般的な授業形態は、教師が多くの子どもたちを教室に集めて行う一斉授業ですが、その他にも数人の子どもたちによる活動を主体としたグループ学習や子ども一人ひとりを対象とした個別授業があります。それぞれの授業形態に応じて子どもに知識を効率的に伝達し理解を深めさせるために様々な授業の理論と技法が発達しています。たとえば、一斉授業では受容学習と発見学習という方法がしばしば用いられます。これらは子どものの認知構造の変化に焦点をあてる認知心理学的授業理論といえます。また、グループ学習では子どもたちの参加意識を高めるためにジグゾー学習法とよばれる方法が開発されています。個別授業ではコンピュータを利用したプログラム学習があり、これは行動主義的理論に基づいた授業理論です。それぞれ以下に詳しく説明してみます。

3.1　受容学習

　一斉授業で一般的な授業方法は、教師が言葉や教材を使用して子どもたちに概念や規則などの知識を教える方法です。これは子どもたちが教師から与えられる知識を理解したり記憶したりするという意味で受容学習とよばれます。この受容学習は学校教育の基本といえますが、その中でも概念や論理を理解する学習は単に単語や歴史年号を暗記する機械的な学習とは区別して考える必要があります。ピアジェの弟子である**オースベル**（D. P. Ausubel 1918～2008）は前者の重要性を認識して**有意味受容学習**（meaningful reception learning）とよび、後者を「機械的学習」とよびました。彼は、有意味受容学習が効果的に行

える方法として、**先行オーガナイザー**（advance organaizer）を与えるという技法を提唱しました。先行オーガナイザーとは、いわば水先案内的な知識です。子どもが初めての概念や論理を学習しようとするとき、先行オーガナイザーを与えることで彼らが学習前にすでに持っている関連知識をよび起こし準備しておくことができれば、それにより子どもの知識の枠組みが整えられ（オーガナイズされ）新たな知識や理解がより効率的に進むと考えたのです。つまり、先行オーガナイザーという枠組み的な知識を与えることで学習の理解を手助けするといえます。

先行オーガナイザーの具体例として、

(1) **解説オーガナイザー**　学習者に知識がまったくない場合に、学習者が容易に関連づけできるような大まかで全体的な情報を「解説オーガナイザー」とよびました。たとえば仏教の特徴を初めての学生に教えようとするとき、まずは宗教の一般論について説明することが解説オーガナイザーとなります。

(2) **比較オーガナイザー**　学習者がある程度関連する知識を持っている場合、その知識と比較しての類似点や相違点を示すことを「比較オーガナイザー」とよびました。たとえばドイツ語を初心者の学生に教えようとするとき、中学高校で学んだ英語の文法や単語と対比させる説明が比較オーガナイザーになります。

(3) **図式オーガナイザー**　解説オーガナイザーを言語的ではなく視覚的に図で示すことを「図式オーガナイザー」といいます。

先行オーガナイザーが優れた方法であることはいくつかの授業研究で示されており、学習者の言語や認識能力が発達し知識量が増大すればするほど有効性が増すと考えられています。一

方、子どもの理解能力がきわめて未熟であったり学習内容に関する知識がほとんどない場合には有効に働くことができず、(メイヤー 1979)、学習者が受身であるため動機づけや集中力が低下するという点が指摘されています。

3.2 発見学習

受容学習と異なり、**発見学習**は学習者の能動的で積極的なかかわりを重視します。

提唱者の**ブルーナー**(J. S. Brunner 1915〜)は、授業において子どもがあたかも自然科学者のように問題点を明らかにし、仮説を立てて解決法を発見してゆくことが大切だと考えました。そのような経験が応用力のある確かな知識を養成すると考えたのです。そのために教師は以下のような順番に授業を構成することが必要としました。

(1) 問題の明示
(2) 仮説の設定と練り上げ
(3) 仮説の検証
(4) まとめ

たとえば、「三角形の内角の和は何度になるか」という問題を明示したら、学習者に仮説を提示させるとともにその検証方法についても発言させます。たとえば「内角の和は全部で180°」という仮説が提示されたら「それを確かめる方法は？」と発問し、「三角形の紙をちぎってみたらいい」というように展開してゆくのです。そして実際に行ってみて、そこから数学的な定理へと繋げてゆくのです。この授業方法はブルーナーとほぼ同時期に板倉の**仮説実験授業**においても示されています。仮説実験授業での最適な対象は、科学上の基本概念ではあるものの常識的な判断では誤りやすく、しかもそれが簡単な実験により検証で

きる場合だとされています。たとえば体重計に乗るとき、「つま先立って乗る場合、片足で乗る場合、両足の全体で乗る場合では、重さはどうなるか」という問題や「2枚の紙の間を強く吹くと紙はどう動くか」などです。これらの問題に仮説を立てて討論させ、最終的に実験により正解を求めるという授業の流れが用いられます。

発見授業は、学習者の問題発見、解決能力を養い、授業内容への関心と動機づけを高め、しかも印象深く忘れさせないという利点を持っています。しかし、発見学習には適した教科があり、すべての教科に応用できるというものではありませんし、しかも授業の主体が仮説の討論や検証であるため、時間的制約があるという点も指摘されています。

3.3 個別学習

個別学習は学習者が一人で行う学習で、代表的なものに**スキナー**の**プログラム学習**があります。スキナーは先のオペラント条件づけ理論の提唱者である B.F. スキナーです。彼は自分のオペラント条件づけ理論を応用して、学習者に一定の学習プログラムを与え、それに従い学習者が自分のペースで進めてゆける学習法を開発しました。オペラント条件づけで動物にある行動を学習させる際は、まず自発的な反応の出現を待ち、そこから少しずつ段階を踏みながら条件づけを完成させますが、プログラム学習でも基本は同じです。スキナーはプログラム学習の基本原理として次の4つをあげています。

(1) 積極的反応の原理

学習者は与えられた課題に自発的で積極的に反応すること。

(2) スモール・ステップの原理

目標に向かって、少しずつステップを踏んで到達すること。

(3) 即時強化の原理

学習者の反応に対して結果の知識（反応の正誤）をすぐに与え確認させること。

(4) 自己ペースの原理

学習者に自分のペースで進めさせること。

これらの原理にしたがって学習プログラムが作成され、それはまるでコンピュータのフローチャートのような形で組織化されます。図 4.4 は学習プログラムの流れを示す一例です。四角は与えられる課題を示し、ひし形は課題の判定を表します。課題がクリアできれば次の課題に移り、できなければ後戻りしたり、時には別の課題に移ったりして完成を目指します。このような原理にしたがって漢字の練習、方程式の解き方、楽器の演奏法など多くのプログラムが開発されてきました。スキナーはこれらのプログラムは専用の機械(ティーチングマシン)によって与えられることが望ましいと考えていましたが、それを具現化したのはコンピュータの発達でした。コンピュータの能力が上がるにつれて、直線型のプログラムに色々な分岐プログラムを加えたより複雑な学習プログラムが可能になったのです。このコンピュータコントロールを利用した授業は CAI (Computer Assisted Instruction) とよばれています。

プログラム学習は学習者が自分のペースで学習し、誰もが同じ目標に到達できるという利点がありますが、ハード（コン

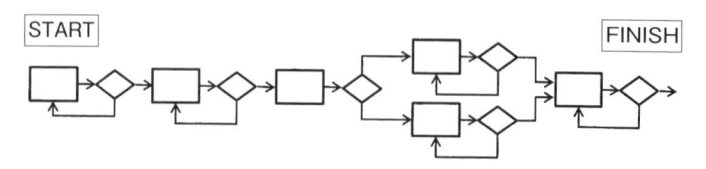

図 4.4 プログラム学習の流れ図 (□ は課題で ◇ は判定を示します)

ピュータ) 面の発達に比べれば基盤となるソフト (学習プログラム) の進歩が遅れていることが指摘されます。

3.4 グループ学習

グループ学習は学校教育の中で一斉授業ともに、班別での実験、実習、調査などでよく行われています。グループ活動は生徒が相互に協力したり刺激しあったりすることで教育効果の期待できる方法ですが、グループ内の一部の子どもだけが積極的で他のメンバーは消極的になるなど人間関係を反映する一面があります。社会心理学者の**アロンソン** (E. Aronson) はグループ学習法の1つとしてジグソー学習法というものを提唱していますので、以下に紹介します。

たとえば「人体の構造と機能」についてグループ学習を取り入れる場合を考えてみますと、授業の流れは3段階になります (図4.5参照)。

(1) 第1段階は、クラスの生徒を数名ずつグループ化することです。このとき成立したグループを**原グループ**とよびます。図の小文字のアルファベットは各グループの構成員を表します。

(2) 第2段階は各グループから1名ずつ集めて新しいグループを作ります。これを**カウンターグループ**とよびます。カウンターグループはそれぞれ「骨格と筋肉」、「心臓と肺」、「消化器」、「脳と神経」など、グループごとに専門領域が割り当てられ人体の一面のみを調べてまとめます。その後に解散して原グループに戻ります。

(3) 第三段階は、解散してもとの原グループに帰った生徒一人ひとりが専門別に他のメンバーに学んできた内容を説明し教え合うのです。

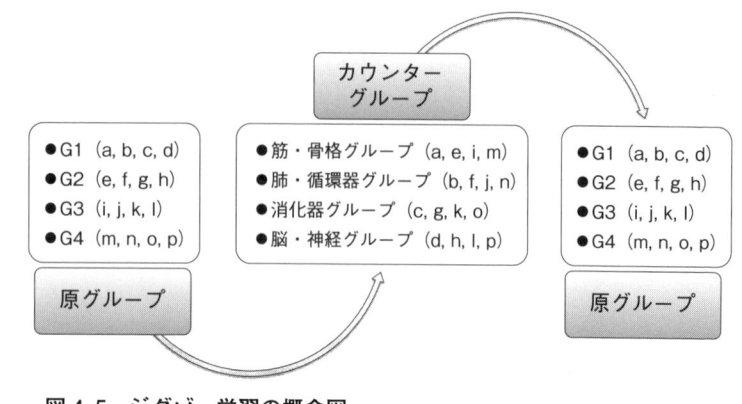

```
●G1 (a, b, c, d)          ●筋・骨格グループ (a, e, i, m)        ●G1 (a, b, c, d)
●G2 (e, f, g, h)          ●肺・循環器グループ (b, f, j, n)      ●G2 (e, f, g, h)
●G3 (i, j, k, l)          ●消化器グループ (c, g, k, o)          ●G3 (i, j, k, l)
●G4 (m, n, o, p)          ●脳・神経グループ (d, h, l, p)        ●G4 (m, n, o, p)
```
[カウンターグループ]
[原グループ] → [カウンターグループ] → [原グループ]

図4.5　ジグゾー学習の概念図
　　　a～pはグループ内の個人を表わしています。

　ジグソー学習法は本来人間関係の改善プログラムとして開発されたのですが、このように授業に取り入れても個人の意欲と自尊心が高まり効果をあげることが認められています。

4. 適性処遇交互作用の問題

　適性処遇交互作用（ATI：Aptitude Treatment Interaction）とは**クロンバック**（L. J. Cronbach 1916～）によって指摘された問題で、教育に携わる者が充分に留意しておかねばならない問題です。適性処遇交互作用とは難しい言い回しですが語句の意味を順番に説明しますと、適性とは生徒の持つ知能、人格、価値観、興味など心理的特性のことで、処遇とは教師の教え方、態度、教育環境などのことです。交互作用とは相互関連という意味です。クロンバックは適性処遇交互作用について「授業の成果は、生徒の特性と与えた処遇の交互作用として生ずる」と述べていますが、その意味を簡単に述べますと、「授業は生徒

の適性と教え方の両方が関係するので、適性に合った教え方をしないと教育効果が充分にでない」ということです。それを以下に実例で示します。

クロンバックとスノーらは大学生527名に14回にわたって物理学の授業をしましたが、授業の前に学生個々人の適性として対人積極性を考え検査により測定しておきました。その後大学生を無作為に2グループに分け、一方のグループには映画による映像授業を行い、他方には教師が直接に講義する授業を行いました。両グループとも毎回授業終了後にテストを行い14回の平均点で両グループの成績を比較しました。すると、どちらのグループの平均点にも差は見られませんでしたので、映像中心の授業も講義中心の授業も教育効果の差はなかったように一見考えられました。しかし、授業前に測定しておいた対人積極性の高低によって全員を並び替えて、各人のテスト成績を調べてみますと結果は異なる様相を示しました。それは、対人積極性の低い学生は映像中心の授業で良い成績を示し、講義中心の授業では成績が悪かったのです。逆に、対人積極性が高い学生は映像中心での授業では成績が悪く、講義中心の授業では良い成績でした。対人積極性が平均的な学生はどちらの授業方法でも成績に差は見られませんでした。明らかに学生個人の対人積極性という適性と授業方法の相違によって授業効果は逆転していたのです。

同様の結果として、独立的であることを好む傾向の強い学生には討論中心の授業が適しており、同調的であることを好む傾向の学生には講義中心の授業が適するという報告があります。ドミノ（ドミノ1971）は心理学の授業に先立って、学生に性格テストを実施して「自分で課題を設定して努力する」ほうが好きな学生（高独立達成群）と「教師などから出された課題を努

力する」ほうが好きな学生（高同調達成群）の2群に分けました。そののち両群に「授業での考え方、意見、積極性を重視する」授業（討論中心授業）と「知識と出席、テキストを重視する」授業（講義中心）の2種をそれぞれ実施して、学期末テストの成績により授業効果を測定しました。その結果は図4.6に示したとおり、それぞれの適性に合った授業が成績を伸ばしていました。

　適性処遇交互作用は、生徒の適性を見極めそれに応じた教育方法をすればよい、ということを意味するのですが、現実には未解決で複雑な点が多いのです。たとえば、不安傾向の高い生徒には余りストレスをかけないほうが良いので、新奇な場面を用いない授業が考えられますが、それは一方で生徒の経験の量を少なくし学習機会を奪うことにもなりかねません。逆に、不安傾向の低い生徒はストレスにも強いので新奇な場面を多くし

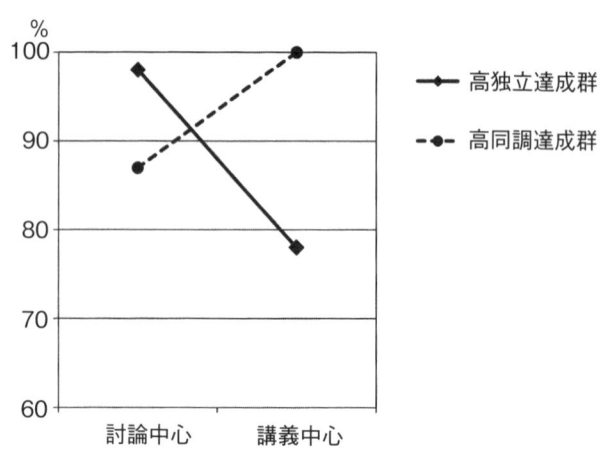

図4.6　適性処遇交互作用
　横軸が授業方法、縦軸は成績（最上位の平均点を100とした割合で表示）です。学生の適性により成績が逆転することが示されています。

ての授業が可能ですが、すぐに慣れが生じて勉強に飽きるという結果を招くかもしれないのです。理想的には「この教科は、これらの生徒に対して、このような授業方法で教えれば、このくらいの効果が望める」ということが明確になることですから、今後の情報や経験の蓄積と公開が待たれています。

5章
測定と評価の理論

学校や教師という言葉からしばしば連想されるものとしてテストがあります。日常的に教師はテストで生徒の学力を測定し、それに基づいて成績を評価します。テストによって子どもは自分の学習の進行度を知ることができるとともに、教師自身にとってもテストは指導の資料となり授業の改善に役立てることができます。この意味でテストは学校教育における重要な役割を持っています。この章では教育現場に関係のある測定と評価を取り上げ、その原理を中心に説明します。

1. 教育的測定の種類と原理

　学校教育において一般にテストとよばれるものは中間テストや期末テストなどの学力テストを指しますが、これは学力という心的能力の変化を測定しようとするものですから心理学的テストの一種です。他にも教育現場に関連する心理学的テストとしては知能テスト、性格テストなどがあります。ここでは、性格テストと知能テストを例にあげて心理テストがどのようにして心を測定するのか、その原理について説明します。次に、学力テストを例としてすべての心理学的テストに共通する「良いテスト」の条件について述べます。

1.1　性格測定の原理

　教育的働きかけのために子どもの性格を知ることは重要だと考えられます。ここでは性格の測定方法として、質問紙法、投影法、作業検査法の原理を説明します。

（1）質問紙法
　質問紙法は性格特性論という性格理論に基づいています。性格特性論では、すべての人に共通する数種類の性格特性の集合

から性格が成立すると考えます。性格特性とは、たとえば、抑うつ性、神経質、内向性、協調性などですが、個人ごとの性格の相違は各性格特性の程度の相違だと考えるのです。性格特性論の考え方を人の顔にたとえていうなら、人の顔は目、耳、鼻、口などすべての人に共通する要素（性格特性に対応）から成立していますが、目や鼻などはそれぞれ大きさや形が異なっており（程度の差）、それが個人の顔の違い（性格の相違）になると考えるのです。そこで質問紙法は、まず各性格特性に特徴的な行動を10項目ほど取り上げ、それらのリストを質問のかたちにして示します。次に、それらの質問に対し「はい」、「いいえ」の形での答を求めます。そして答えの数の偏りから性格特性の程度を表現しようとします。たとえば、「神経質」という性格特性に対して「小さい失敗がいつまでも気になりますか」「ちょっとした騒音でも仕事が手につきませんか」などを10個程度質問して、肯定の答えの多さによって「神経質」の強さを量的に表現します。この性格テストで代表的なものとしては**YG（矢田部・ギルフォード）性格検査**があります。この検査では性格特性として抑うつ性や社会的外向性など12の特性が取り上げられています。特性ごとに被験者の性格傾向の強弱が普通の場合を基準として一本の線上にプロットされ、性格プロフィールとして表示されます（図5.1参照）。この他に、精神医学的診断に用いるための**MMPI**（ミネソタ多面人格目録 ミネソタ大学のハサウェイとマッキンリーによって開発され550項目よりなる）も有名です。最近では、性格特性を外向性、協調性、勤勉性、情緒安定性、開放性の5因子（**ビッグ5**）から成立すると考え測定する方法が注目されています。

　質問紙法は長所として簡単に実施できますし、結果の処理も簡単で客観的です。また、採点の結果がプロフィールの形で示

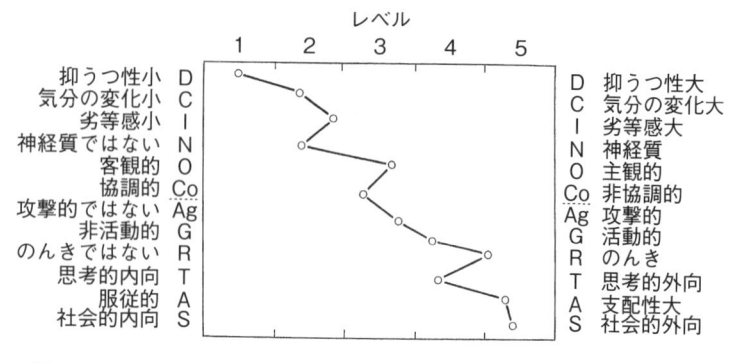

図5.1 YG性格検査によるプロフィール

されるために相互に量的な比較が可能です。しかし、質問紙法はそれを受ける被験者の自己評定に基づくため、検査結果を予測しての意識的な嘘、あるいは自我防衛による無意識的な嘘が質問の答えに入りやすくなります。また、質問が短文のため内容が伝わりにくく誤って理解されるという短所があります。

(2) 投影法

人には、自分では知っていても他人には話したくない傾向あるいは本人自身ですらまったく気づいていない無意識的な性格というものがあります。質問紙法は表面に現れた行動を手掛かりに性格を測定しようとするため、これらの奥深い性格の測定には限界があります。投影法はこの限界を次のような原理で乗り越えようとします。たとえば「幽霊の正体見たり枯れ尾花」という言葉がありますが、怖がりの人には立ち枯れた花でさえ幽霊に見えてしまいます。この現象を逆に利用するのが投影法です。投影法では曖昧でなんとも形容のしがたい図形や絵を被験者に見せます。そして、それらが何に見えるか、あるいはどんな場面なのかについて自由に話させます。見せる図形や絵が

曖昧なのは、それを自由に被験者に解釈してもらいたいからです。投影法の中心となる考え方は、その解釈のなかにこそ被験者の持っている性格が投影されるという点です。検査者は被験者の解釈に耳を傾けその話を分析して性格を理解するのです。

投影法のテストとして代表的なものは、**TAT**（Thematic Apperception Test）と**ロールシャッハテスト**です。TATはハーバード大学のマーレーが開発したもので、人の日常場面に近いスケッチ画31種類が検査用の図版となっています。たとえば、部屋の中で老婦人と若い男性が話をしているような場面やテーブルの上におかれたバイオリンを男の子が眺めているような場面などです（図5.2参照）。被験者に求められることは1枚の図版を見ながら、その場面を現在として、過去、未来に

図5.2　TATテストの模式図

わたる一連の物語を作ることです。絵の中の人物は何を考え、何をしようとしているか、どういう結末を迎えるのかなどについての物語を考えて話さなければなりません。被験者は自由に物語を作りますが、その物語の内容と構成に被験者自身の過去経験や現在の願望、不安、人間関係が投影され性格が浮き彫りにされてくると考えるのです。

　ロールシャッハテストはスイスの精神科医であるロールシャッハにより開発されました。図版は10枚の図形ですが、それぞれはまったく偶然にできた黒いインクの染みのような模様で左右対称の形をしています（図5.3参照）。ロールシャッハは自分の病院に来る精神病の患者達が、診察室の天井や壁の染みを見て独自の解釈をすることに気づき、このテストを思いついたといわれています。被験者は図版を何のように見えるかについて検査者に報告せねばなりません。性格の無意識的な全体性が被験者による図版の解釈に投影されると考えるのです。図版を全体的に見たのか部分的に見たのか、何に見立てたのか、それは稀な見方か一般的な見方か、など一定の分類基準にしたがって被験者の反応が分析されます。被験者の心が安定し、現実の問題にしっかりと対応できているならば、各分類基準でバランスの取れた創造性のある反応が見られることになります。

　ＴＡＴやロールシャッハの他にも投影法の原理を用いたテストは比較的多く開発されています。「P-Fスタディ」（絵画欲求不満テスト）では、日常でストレスを感じるような場面（たとえば、駅まで友人に車で送ってもらったのに渋滞で列車に間に合わなかった）を一コマ漫画のような絵で示します。そして、その場面でどのような言葉を相手に発するのかセリフの形で表現させ性格を測ろうとします。また、「バウムテスト」（バウムはドイツ語で樹）ではA4判の紙を被験者に与え、そこに実の

図 5.3 ロールシャッハテストの模式図

なる一本の樹を自由に描いてもらいます。その樹の描き方、表現方法から性格を測ろうとします。

投影法は、長所として質問紙法では知り得なかった心の深層に光をあてることができます。一方で、被験者の解釈を検査者が分析することで性格を調べるわけですから、その技術には熟練を必要としますし、どうしても分析には検査者なりの主観が入るという短所を持っています。学校教育の現場で教師が投影法のテストを用いることはありませんが、教師が子どもの話を聞いたり、絵をみたり、作文を読んだりするときに投影法的な見方は教育現場でも重要と考えられます。

(3) 作業検査法

作業検査法は比較的単純な作業を被験者に行わせて、その経過および結果から性格を測ろうとします。要するに仕事の出来栄えから人柄を知るという考え方です。**内田・クレペリン検査**がもっとも有名な作業検査ですが、この検査用紙には1桁の数

字が100個以上、横1列に並び、その列が15段ほど下に並んで続きます（図5.4参照）。被験者に求められることは数字の列の左から右に、できるだけ速くしかも正確に隣の数字同士を足し算し、答えの1の位のみを間に記入してゆくことです。1列あたりの制限時間（1分間）が短いため、計算は途中で終了して被験者は次々と下段へ移行し続けなければなりません。検査終了後に列ごとに計算終了位置の線で結んでいきますと、そこに**作業曲線**がえられます。その曲線の形から性格を判断しようとするのが原理です。曲線の凹凸の様子、計算の正確さなどが判定の基準を構成します。

　内田・クレペリン検査は計算作業のみであるため、実施が簡単なうえに検査の意図が被験者に類推されたり不安がられたりすることがありません。その応用範囲は精神疾患の診断、産業界での職業適性、交通事故頻発者の検出、など多方面にわたり、学校現場でも成績や非行との関連を調べるためによく実施されるという長所を持っています。しかし、検査により測定される性格は人の集中力や注意力といった意志的側面が主体であり、結果を性格全体に拡大解釈することには無理があるという指摘がなされています。

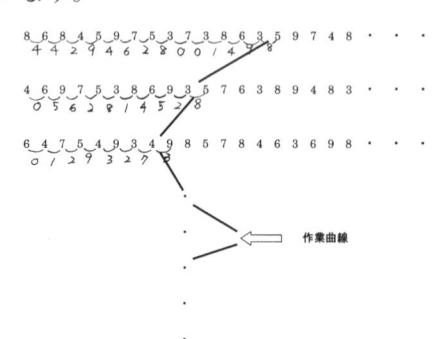

```
8 6 8 4 5 9 7 5 3 7 3 8 6 3 5 9 7 4 8 ・・・
 4 4 2 9 4 6 2 8 0 0 4 5 8
4 6 9 7 5 3 8 6 9 3 5 7 6 3 8 9 4 8 3 ・・・
 0 5 6 2 8 1 4 5 2 8
6 4 7 5 4 9 3 4 9 8 5 7 8 4 6 3 6 9 8 ・・・
 0 1 2 7 3 2 7
              ・
               ・  ← 作業曲線
              ・
             ・
```

図5.4　内田・クレペリン検査の模式図

1.2 知能テストの原理と発展

20世紀初頭のフランス政府は、知的能力が低く就学が困難な子どもたちに対して何か特別な教育的援助を行わねばならないと考えました。そのためには、そのような子どもたちの知的能力を何らかの方法で測定し判別することが必要となります。その測定のための尺度として、知能テストの開発に着手したのがフランスの心理学者ビネー（A. Binet 1857～1911）と弟子の医師シモン（T. Simon）でした。知能を測ろうとする際には、知能の概念的定義を必要とします。そこでビネーは知能が総合的認識能力と考えました。言語力、記憶力、推理力、判断力、数理能力など知的な能力と考えられるものはすべて総合されて知能を形成すると考えたのです。彼の考えた知能テスト作成の原則は以下のようなものでした。

(1) 幼児から児童の子どもを対象として、知能を必要とする具体的な課題を日常生活の中からできるだけ多種多様に収集する。

たとえば、つま先やマユなど身体の各部位を指差せる。オハジキの数を数えられる。一週間の曜日が正しく言える。時計が読めるなど、です。

(2) それらの問題を年齢順に配問する。

以上のようにして収集した課題を、ある年齢になれば半数以上（60%から75%）の子どもが解答できるように易しい課題から難しい課題へと順番に並び替えました。

たとえば、3歳の子どもなら、目鼻はどこか指差せる、絵の中の動物名をいえる、2桁の数字を聞いた後、逆の順番で答えられる、などです。5歳になれば、自分の姓と名が正しくいえる、お手本の正方形の模写ができる、などですが、これらは1

歳あたり数問程度の問題数で3歳から13歳までの問題が作成されました。

(3) 個々の子どもについて、どの年齢相当（何歳何カ月）の問題まで解答できたかによって、その子の知能水準を示す。

たとえば実際の年齢は10歳であっても、8歳相当の問題までしか解答できない場合は知能水準を8歳と示しました。このようにして求められた年齢は**精神年齢**（Mental Age）とよばれます。

以上のような原理に基づいて作成されたビネー式テストはその後高く評価されるとともに、多くの国に取り入れられて実情に合わせて改定と標準化がなされました。アメリカでは「スタンフォード・ビネー知能検査」、日本では「田中・ビネー式知能検査」などと称され今日にいたっています。

現在までビネーの知能検査にはいくつかの発展がありましたが、その1つは、知的水準を示すための指標の発展です。ビネーは知的水準を精神年齢で表していましたが、年齢段階によっては同じ精神年齢の差でも知的水準が大きく違ってきます。たとえば、10歳の子どもが8歳の精神年齢（差は2歳）の場合と5歳の子どもが3歳の精神年齢（差は2歳）の場合では、ともに実年齢（暦上の年齢）と精神年齢の差は2歳で同じですが、その知的能力の差の程度は大きく異なって感じられます。そこで、以下の式に示すように精神年齢を実際の暦年齢で割って比の形にし、それを100倍した値を**知能指数**（IQ　Intelligence Quotient）と定義しました。

$$IQ = \frac{精神年齢}{暦年齢} \times 100$$

先ほどの例でいえば、10歳の子どもが8歳の精神年齢であればIQは80になり、5歳の子どもが3歳の精神年齢であれ

ばIQは60になりますから、知能指数の導入により知的水準の差が明確に実感でき、比較しやすくなります。ちなみに、暦年齢で10歳の子どもが年齢に相応しく精神年齢も10歳というように、暦年齢と精神年齢が一致しますとIQは100となります。このことは人の平均的なIQが100であることを示し、IQが100以上であれば平均以上の知的水準であり100以下なら平均以下の水準であることを表します。多くの人のIQを測定した結果、IQは100を中心とした正規分布（平均を中心として左右対称な富士山型の分布）を示し標準偏差値（データのバラつき具合のことで、計算式により算出されます）は15ということが判明しています。正規分布では平均値の±1標準偏差値内に全体の約68％が含まれる性質がありますので、それから考えますとIQは100±15であるIQ85からIQ115の間に約68％の人が属することになります。また、標準偏差値の±2倍であるIQ70以下あるいはIQ130以上の人の出現確率はそれぞれ全体の約2％程度になります（図5.5参照）。現在では知能水準を示すのに、ビネー式テストによる個人の成績が同年齢集団の中で平均からどの程度ずれているかを示す**知能偏差値**（あるいは偏差知能指数）がもちいられています。

　もう1つの発展は、ビネー式の知能検査が個人ごとに実施される個人検査だったのに対し、多くの人に短時間で実施できる簡便な**集団式知能テスト**が開発されたことです。これはアメリカが第1次世界大戦に参戦する際に、知能の高い人を士官候補生として選別する必要があったからだといわれています。今日まで、この「紙と鉛筆」による集団式知能検査はいくつかの種類が開発され学校教育の現場でも使用されています。

　次の発展は、ビネー式知能テストが児童向けであったことに対し、成人用の知能テストである**ウェクスラー式知能検査**

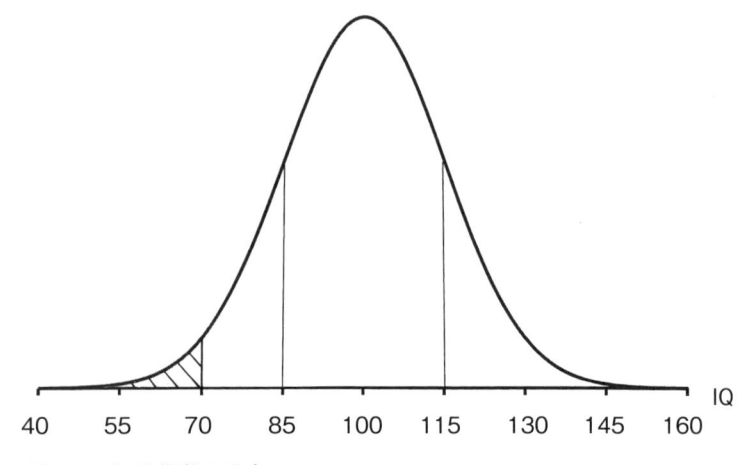

図 5.5　知能指数の分布
　図の縦軸は人数と考えます。平均 100 を中心として 85 から 115 までの間に約 68% の人が属します。

(**WAIS**) が D. ウェクスラーによって開発されたことでした。ウェクスラー式テストで注目すべき点はビネー式テストへの批判を改善していることです。ビネー式テストの検査問題は言語による質問と応答が求められるという意味で言語能力に偏った検査であるという批判がありました。そこで成人用のウェクスラー式知能テストでは、知識や単語、数計算などの「言語性問題」と、絵画完成や積み木模様、迷路などの「動作性問題」の 2 種類から構成されています。

　このウェクスラーの考え方は、知能を多面的な構造としてとらえる考え方に繋がりました。知能を幾種類かの基本的能力の集合として考えるのです。ビネーの知能検査は多種多様な問題の集合であることを述べましたが、各問題の成績の相関を因子分析という多変量解析の方法で調べてゆきますと、問題ごとに

グループ化できることが判明しました。そこで1つのグループはある特定の知的能力（知能因子）を反映していると考えたのです。これを知能の**多因子モデル**といいます。たとえば知能因子を、空間、知覚、数、言語、記憶、語の流暢製、推理の7因子に分類するサーストンのモデル、また、知能を「流動性知能」と「結晶性知能」に大きく二分したキャッテルのモデルなどが有名です。キャッテルのいう流動性知能とは情報の知覚と処理、操作の能力で、結晶性知能とは言語的解釈、観念の識別、社会的事態への適応の能力です。近年では人を情報処理装置の一種と考え、想定されるフローチャート上の情報処理能力として知能を考えることも行われています。そのなかでもITPA（Illinois Test of Psycholinguistic Abilities）は、言語の学習能力に関わる一連の情報処理の流れを想定し、どの部分で処理が滞るかを調べることで学習障害などの臨床的な問題の診断に役立っています。

1.3 学力テストにおける「よいテスト」とは

　学力テストは授業内容についての理解度を知るために行われるもっとも一般的なテストで、多くは客観テストと論述テストが使用されます。客観テストは設問と採点の形式が簡単で採点者の主観が入りにくいという利点がありますが、生徒の思考力などを反映しにくい点があります。一方、論述テストは生徒の論理的能力や表現力を反映させることができますが、設問の範囲が狭まり、採点者による判断基準の相違が出やすくなります。

　ところで、学力テストを教師は選択したり作成したりしますが、その際に用いるテストが、よいテストであるためにはテストの**信頼性**と**妥当性**という重要な条件が満足されなければなりません。

テストの信頼性とは、モノサシとしてのテストが測定条件によって簡単に伸び縮みしないで、つねに一定した測定値を示すこと、いわば測定の安定性のことをいいます。モノサシの例でいえば、熱膨張率が大きくて日向と日陰で測ったときの長さが異なるような物差しは信頼性が低いのです。同様に、信頼性の低い学力テストとは採点者によって点数が大きく異なるようなテストや、同じような能力の子どもにテストを実施した場合に結果が大きく食い違うテストなどです。逆に、テストの実施環境や生徒の心身状態から影響をあまり受けないテストは結果が安定しており信頼性が高いといえます。

　テストの妥当性とは、そのテストが本来測ろうとしているものを正しく反映しているか、いわば測定の的確性のことをいいます。たとえば、人格的な高さを測ろうとして学歴の高さで判断するという場合を考えてみますと、学歴の高さが的確にその個人の人格を反映しているか疑わしく、妥当性があるか疑問です。学力テストでも、論述式問題の成績を漢字の誤字の多さで採点したら、本来の論理的能力は測定できず妥当性が低い結果になります。

　妥当性の高いテストであるためには以下のような観点が必要です。

(1) 構成概念妥当性があること

　測定したい対象とテストの間に概念的、論理的な整合性があることです。たとえば大学入試で測定したいことは、大学教育に耐えられる水準の知的能力を個人が有しているか否かです。ですから大学入試において個人の知的能力を高校卒業程度の学力テストで測定することには論理的矛盾がなく、妥当性が高いと考えられます。しかし、大学入試でその知的能力を体力テストで置き換えて測ったり、ケン球の技術で測ったりすると概念

的な一貫性を欠き疑問が生じます。一方、芸術的才能を測りたいときに実技試験を課することは妥当ですが、学力テストのみで測ろうとすることは概念的妥当性があるとはいえません。

(2) 内容的妥当性があること

テストが対象のすべての側面を測定しているかという、テスト内容の普遍性のことです。たとえば、数学力を測りたいのに計算問題ばかりを出題することや、英語力を調べたいのに暗記している単語の多さを測るようなことは偏りがあるといえます。学力テストは学習内容を満遍なく取り入れてなくては内容的妥当性があるとはいえません。

(3) 基準関連妥当性があること

テストの結果と他の基準との関連が高いことを基準関連妥当性があるといいます。たとえば、先ほどあげた大学入試は大学入試後の知的な発展の可能性を期待するものでしたから、入試結果と4年後の卒業成績とは高い関連性があってしかるべきです。過去の成績や現時点での他の成績が基準として用いられ、それとの関連性が低いときには基準関連妥当性があるとはいえません。

2. 教育評価の理論

教育評価とは、子どもの試験の点数や作品について、それがどのくらい優れているか数値やカテゴリーを設けて分類してゆくことです。いわば試験などの教育的測定結果に価値判断をすることといえます。たとえば通知表はもっとも身近な教育評価の例ですが、教師から学期の終わりごとに通知表をもらうことはあまりいい気持ちではなかったと思います。この通知表などの教育評価にはどのような意味があったかといいますと、子ど

も自身に自分がどの点を理解できていたか、また何に意欲を持って取り組んだか、あるいは他の子どもと比較して自分は何が優れているかなどの情報を与えるという意味が最初に考えられます。しかし、それとともに教師自身にとって自分の授業の内容や教材が適切であったかについて反省するための情報を与えるという重要な意味も持っています。教師は子どもの教育評価をすると同時に自分自身の教育方法について評価されると考えねばなりませんし、そのことがさらに良い授業を生み出すのです。

それでは教育評価において、どのような点を注意して考えねばならないのでしょうか。この問題を、評価の基準、評価の時期、評価をゆがめる要因という3つの点から眺めて見ます。

2.1 評価の基準

教育評価は価値判断をすることですが、何を基準にして判断したらよいのでしょうか。主要な評価基準は以下に述べる絶対評価と相対評価の2種があって歴史的に交代しつつ発展してきています。

(1) 絶対評価

教育目標に対して絶対的な基準を何段階か設定し、それに到達しているか否かにより評価することを**絶対評価**といいます。明治期から戦前にかけての教師は各人で教育目標を設定し、子どもの成績がその目標に達した否かを基準として評価していました。絶対評価のなかでも、このように評価基準が教師の内部にあり教師により異なるものは**認定評価**とよばれています。現在でも大学の「優、良、可、不可」あるいは「A、B、C」などの成績評価には、この認定評価が多いと思います。大学教師が自分で設定した教育目標のどの段階まで学生が達したかによっ

て成績評価するからです。絶対評価では教育目標を基準として判断、評価が行われますので極端な場合には全員が「優」であったり、逆に全員が「不可」であったりすることもあり得ます。絶対評価はたとえば理解力や創意工夫力など、設定された教育目標を直接的に評価しますので教師も生徒も目標のどの段階まで達したのか明確に判断できます。また、本人の努力に見合った評価がされやすいので、動機づけを高める効果も期待できます。この意味で教育的に優れた評価方法ですが、一方で教育目標の達成度を示す段階を決めることの難しさや教師の判定が主観的になる傾向があるなどの欠点があります。

(2) 相対評価

戦前の絶対評価があまりにも主観的すぎるという批判のために、戦後はアメリカの教育評価法である**相対評価**が用いられるようになりました。相対評価では、子どもの成績を他の子どもと比較し、その子どものクラス内での順位や位置を基準にして評価します。つまり集団の成績分布の中で占める相対的な位置による評価です。たとえば小、中学校で行われていた5段階評価は相対評価の代表例です。5段階評価では、クラスの成績の分布はどんな場合でも正規分布（左右対称で富士山型の分布）であるということを前提としています。クラスの平均点の周囲に大半の子どもが集中し周辺の成績の子どもほど数が少なくなると考えて、クラスの人数に一定の割合で1から5までの数字を割り振ります。5段階評価では、5の評価が与えられる生徒はクラス全体の約7％です。これはクラスの平均点より標準偏差値（データのバラつき具合のこと）の1.5倍だけ良い成績（平均点 +1.5×標準偏差値）をとった生徒たちです。クラスの成績は正規分布であるという仮定に基づいていますから、成績が悪くて1の評価を与えられる生徒は5の評価の生徒と同人数

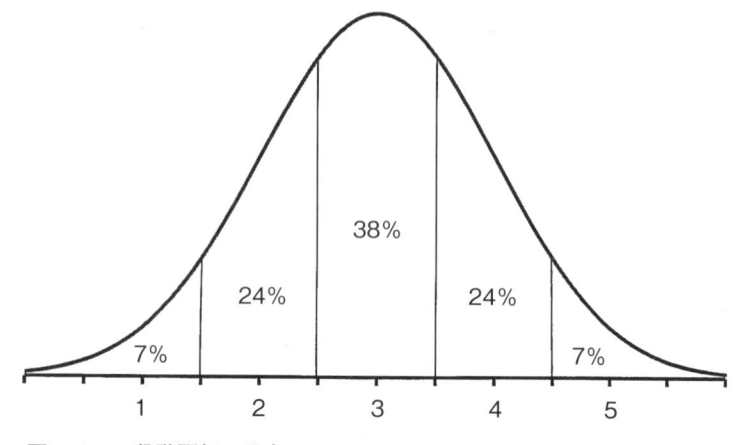

図 5.6　5 段階評価の分布
　横軸の目盛りは標準偏差の 0.5 倍を示します。

で、クラスの平均点より標準偏差値の 1.5 倍だけ悪い成績（平均点 − 1.5 ×標準偏差値）の生徒約 7％ に決められています。同じ理由で、4 の評価と 2 の評価をもらう生徒も同人数でそれぞれクラスの 24％ ずつです。4 の評価の場合はクラスの平均点プラス標準偏差値の 0.5 倍から 1.5 倍の間（2 の評価の場合は − 0.5 倍から − 1.5 倍）に属する生徒たちです。3 の評価は全体の 38％ で、これは平均から標準偏差値の ± 0.5 倍の間に属する生徒たちです。（図 5.6 参照）。クラス集団の成績上位者から順に 5 段階を割り振るのですから、教師の主観が入る余地はなく客観的だと考えられます。また、子どもは自分の位置を明確に知ることができますので競争的な動機づけが高まります。しかしながら、相対評価の基準は子どもの集団内での位置ですから、集団が異なれば同じ評価値でも同じ力とはいえませんし、子どもがどんなに努力してもクラス全体も同様に努力すれば相対的に同じ位置になりますので評価に反映されません。また、

競争心をあおりすぎることも指摘されています。

(3) 到達度評価

相対評価の欠点を補うために、2002年度の教育課程より**到達度評価**が導入されるようになりました。到達度評価は絶対評価の一種で、戦前の認定評価のように教師個人ごとに基準が異なるのではなく、より公共的な教育目標と評価基準を掲げて絶対評価の主観性をできるだけ排除する試みがなされています。到達度評価ではそれぞれの目標が明確に示され、「関心・意欲・態度」「思考・判断」「技能・表現」「知識・理解」の観点から到達度を測るようになっています。たとえば、歴史の「知識・理解」では具体的な事件の経緯と背景が説明できるなどの具体的課題の達成が評価基準の1つになりえますし、体育の水泳の「技能・表現」では水に顔をつけられるか、バタ足ができるかなどが基準の1つになります。到達度評価は、どの点が努力不足なのか理解できるために学習が改善しやすく優れた方法と言えます。現在では、より精密に到達評価項目を記述し設定した「ルーブリック」(rubric　聖書の典礼規定の意味)などが到達度評価法として考えられています。しかし、評価項目が漢字の誤字の少なさ、数学の計算の正確さ、あるいは英語の単語の語彙数などのように客観的で具体的に示しやすい場合は良いのですが、創意工夫とか情緒性など抽象的な到達目標に対する具体的な評価項目を作成することは容易なことではありません。

(4) 個人内評価

個人内評価は、相対評価のように他人との位置関係に基準があるのではなく、絶対評価のように一定の目標があるわけでもありません。個人内評価の基準は評価される個人内にあります。つまり個人ごとに自分の評価基準を設定し、その基準に沿って評価します。たとえば、数学の計算力や楽器の弾き方が以前の

自分の結果と比較してどの程度向上したか、あるいは低下したかなど、本人なりの変化を縦断的に比較して評価する（縦断的個人内評価）こと、また、自分の得意科目と不得意科目を知ったり、技能と知識ではどちらが自分は優れているかを知ったりするなど自分の特徴を他の特徴と横断的に比較して（横断的個人内評価）把握することです。

個人内評価は他者との比較を行わない点で個性を尊重し、また、より細やかな指導により個性を伸ばせる評価方法ですが、目標とされる到達点は個人の可能性によるため独断的になることに注意が必要です。

2.2 評価の時期

評価は、教師にとっては授業の効果を知り生徒にとっては自分の理解度を知るために行われるのですが、その時期に関しては3つの時期があり、それぞれ異なった機能を持っています。

もっとも一般的な評価時期は、教授、学習活動の終了時で**総括的評価**とよばれます。代表的な例としては学期や学年の終わりの通知表や成績表です。機能的には、教授、学習活動の全体をまとめて評定し、次期の新たな展開の資料とします。

終了時の総括的評価の他に2つの時期があります。1つは、学年や学習の単元の始めに行われる**診断的評価**です。診断的評価は生徒の学習に対する初期状態あるいはレディネスを知るという機能を持っています。たとえば数学の能力別クラスを編成するために入学時に数学の基礎学力をテストすることや、授業の展開をスムーズにするため入学以前の経験をアンケート調査するなどです。

もう1つは、授業の進行中に行われる**形成的評価**です。これは近年、重要性が指摘され始めた評価ですが、教師と生徒の双

方に学習の進展状況をフィードバック（情報帰還）する機能を持っています。授業は生徒を相手に行われますが、教師が最初に計画したように生徒の理解が進むわけでもありません。柔軟に授業計画を変更したり教材が適切であるかを反省したりするための資料となります。

2.3 評価の歪曲要因

教師が生徒を評価する際には平等で公平な態度であらねばなりませんが、評価の歪みを生じさせるいくつかの人間的要因が指摘されています。ここでは対人認知の研究から得られた代表的な要因を2つ説明します。

(1) 光背効果

もともと光背とは仏像の背後につけた光明を表す装飾のことで、後光が射すことをいいます。そこで光背効果（**ハロー効果**ともいいます）とは、ある人が目立って良い特徴を持っていると他の面まで優れていると判断してしまうことで、正確な判断の誤りを招きます。逆に、1つでも悪い点があると他の点もすべて悪いと判断してしまうこともいいます。パーソナリティの評定では早くから気づかれていました。たとえばある人の容姿に好感を持つと、その人格や知能に関しても高く評価する傾向が指摘されています。同じような傾向は教育評価の場面でも現れ、学校での成績が優れた子は性格や行儀などすべてが良いと判断されたり、字が丁寧できれいな答案は内容も良く評価されたりすることなどです。逆に、受験偏差値が低い大学を卒業していれば大学院での研究能力もないに違いないと判断してしまうことなどです。

光背効果と似たような歪曲要因としては「寛容効果」があります。これは相手に好意を持った場合、相手の欠点に寛容にな

る傾向のことです。逆に嫌悪感を持つとすべてを拒絶してしまうことです。いわゆる「えこひいき」といわれるものです。

(2) ピグマリオン効果

ピグマリオン効果は、教師の「期待効果」といえるもので、ローゼンタール (R. Rosentahl) の実験によって注目された現象です。ローゼンタールらは小学校の1年生から6年生までの18学級の子どもたちを対象に「1年後に伸びる子どもを発見するテスト」と称して、実際は普通の知能テストを実施しました。そして子どものテスト成績とは無関係に20%の子どもたちをランダムに選択し、担任教師に「この子は伸びる可能性を秘めている」と虚偽の報告したのです。8カ月後にその子どもたちの成績を調べてみると、虚偽の報告をされた子どもたちの成績は実際に伸びていました。この結果をローゼンタールは以下のように考えました。つまり、虚偽の報告により教師は子どもに期待を持ち、暗黙の内にそれらの子どもに注目し指名の回数を増やしたり、ヒントを与えたり、回答を待ったりするなどして特別に扱ったこと、また子どももそれに答えようとして頑張ったことによるのではないかと考えたのです。ちなみにピグマリオンとは、自分で作った彫像に恋をして人間に変えてもらった王様でギリシャ神話に登場します。

ピグマリオン効果は充分に検証された事実とは言い難く、また評価の歪みというより正確には教師の期待による教育の歪みといえます。しかし、実際の教室でも新しい担任が自分の視線で子どもを見るのではなく、以前の担任の申し送りにしたがって子どもを見て接することは充分に考えられます。

6章
カウンセリングの理論

学校教育の現場では、不登校、非行、いじめなど様々な問題が生じていますが、これらの問題で悩む生徒を援助する方法の1つにカウンセリングがあります。ここではカウンセリングの主要な理論を4つほど説明します。それぞれの療法の創始者、基本的人間観と理論背景、療法の原理と技法について述べてゆきます。

　最初は、現代のカウンセリング理論の原点ともなっている精神分析療法です。この療法は最初の心の治療理論であり、その歴史的価値のみならず、心の問題を考えてゆくうえで多くの示唆を与えてくれました。2番目はカウンセリングの発展に多大な影響を与えた来談者中心療法です。とくに、この療法に特有の技法は現在も多くの場面で使われています。3番目は行動療法です。これは前2者とは異なった原理を有しており、発達障害の子どもたちへの有力な方法となっています。4番目は認知行動療法です。この療法は行動療法的な方法を用いますが行動療法より人の認知機能に重点を置き、現在もっとも注目されている療法です。

1. 精神分析療法

　精神分析療法（psychoanalytic therapy）は、ウィーン大学医学部出身の精神科医師であった**フロイト**（S. Freud 1856～1939）によって創始されました。フロイトは精神科の医師としてヒステリー（現在では身体表現性障害とよばれます）の治療を目指しましたが、その過程でヒステリーが脳の器質的障害ではなく心の障害であるという考え、いわゆる心因性という概念を提唱しました。彼はヒステリーを生じさせる心のメカニズムを思い描き、どのようにすれば治癒できるか試行錯誤しながら

精神分析療法を生み出してゆきました。

1.1 精神分析理論

　精神分析理論（psychoanalysis）は心の基本的なメカニズムについてフロイトが考えた理論です。その中で彼は人間の心について次のような基本的観点を示しています。

　まず、人のすべての行動には必ず先行する原因があると考えました。たとえば、私たちはフトと思いついたり、思いがけない夢を見たり、あるいは一寸した言い間違いをしたりすることがあります。これらはまったく偶然に生じたように感じられますが、フロイトによれば人の行動は決して偶然に生じることはなく、これらの何でもない些細な行動にもそれを引き起こす理由が心の中に必ず存在すると考えました。このような考えは**心的決定論**とよばれています。この考え方は現在でもカウンセリングの分野では有用で、いじめや不登校、非行あるいは親の子どもへの虐待なども、その行動には必ずや理由があり決して偶然のように魔が差した結果ではないと見なします。

　もう1つの考えは、心的決定論で述べたような行動の原因を必ずしも本人は意識しているわけではないというものです。ここで「意識していない」ということは、本人が原因を言葉で表現できたり、思い出したりすることができないということです。したがいまして、本当の原因は本人も知らない心のどこかに存在することになります。その場所として**無意識**（Unbewusstsein　ドイツ語：未知の存在）の存在を仮定しました。

　以上の2点を要約しますと、私たちの行動はすべて何らかの原因があって起こされるものですが、その原因は自分自身では知ることのできない無意識の中に隠されている、ということに

なります。これらの心に対する考えをフロイトは氷山にたとえています。意識とは氷山の海面上に出た部分であり知ることができるが氷山の一部分にすぎなく、大部分は無意識として海面下にあり、それこそが心の本体であるといっています。

　それでは、この無意識の中のどのようなメカニズムがヒステリーやその他の行動を起こすのでしょうか。フロイトは心のメカニズムとして、エス、自我、超自我という3種の心の装置を想定し、これらが相互作用し合って行動を生じさせると考えました。

　その1つである**エス**（Es：ドイツ語、ラテン語でイド）は、人が心の奥に持つ「〜したい」という無意識的な欲望や願望です。エスはつねにその欲求が充足されることを望みます（これを**快楽原則**といいます）。エスは本能のようなものとも考えられますが、いわば欲求や動因、あるいは本音に近いものです。

　もう1つは**超自我**（ドイツ語でÜber Ich、英語でsuper ego）とよばれるものです。快楽原則にしたがったエスのみでは世の中で生きてゆくことは到底できませんから、エスの暴走を抑える仕組みが必要になります。その役割を果たすのが超自我で、「〜してはいけない、〜すべきである」という道徳や理想、個人の価値観として存在します。いわば建前（たてまえ）のようなものです。

　人はこれらのエスと超自我を心の中に合わせ持って、現実世界に生きて行かなければなりません。エスの望むままに欲求むき出しでもいけませんし、超自我が命じるままでは堅苦しくてたまりません。そこでできるだけエスの望みをかなえつつ超自我との葛藤や摩擦を避けつつ生きてゆく（これを**現実原則**といいます）メカニズムが必要になります。その役割を中心的に担うのが**自我**（ドイツ語でIch、ラテン語でego）です。自我を

ドイツ語で「私」と表現しているように、自我は、考えたり判断したり自分らしさを保持したりという機能を受け持ちますが、とくに、自我の機能の中でエスと超自我の2者を調節するような機能を考え、これを**自我防衛機制**（**自我防衛機構**ともいいます）とよびました。

この自我防衛のメカニズムは、私たちがエスと超自我の板挟みで苦痛を感じるときに、意識しなくても自動的に起動して心の安定を図る仕組みといえます。いわば心の安全を守るための心的プログラム集のようなものですが、精神分析学では自我防衛の方法をおおよそ20種類ほど考えていますが、以下に代表的なものをいくつか説明します。

抑　圧　　フロイトがもっとも重要視した自我防衛でした。抑圧は簡単に述べれば「臭いものに蓋」をするようなことです。本来、感じてはいけない感情や持ってはいけない願望や考えは自分の心を不安にしたり罪悪感を引き起こしたりして苦しめます。そのような感情や原因となる記憶を意識から締め出し、無意識の内部に押し込めることが抑圧です。抑圧すれば意識には上りませんから表面上は平気で暮らせます。しかし、抑圧した感情や記憶はなくなったり解決されたりしたわけではなく依然として無意識に存在し続けますから、やがて夢やヒステリーなど身体症状の形を取って表面化すると考えました。

合理化　　受け入れられない自分の行動や考えを理屈づけることで正当化し、苦しさを和らげようとすることです。とくに、「甘そうなブドウを手に入れることに失敗した狐が、そのブドウは酸っぱいに違いないと考えなおして元気を取り戻す」というイソップ物語の話を例にした「酸っぱいブドウのメカニズム」が有名です。要するに、良いもの（甘い）ものを失って苦しいとき、それは悪い（酸っぱい）と無理やり理屈づけて納得する

ことです。その逆で、悪いものを得て苦しいとき、それを良いものと理屈づけて納得しようとするのが「甘いレモンのメカニズム」です。

逃　避　現実が苦しいときに、それとはまったく無関係の事態に逃げ込み葛藤を避けようとすることです。家庭生活の苦しさから逃れるように芸術活動に打ち込んだり、授業に出席はしたものの内容はつまらないと思うといつの間にか白昼夢をみているようなことです。

反動形成　自分の欠点を知られたくなかったり、弱点に触れられたくないために、その欠点や弱点とは逆の態度を人に示すようなことです。たとえば人を怒鳴り散らす人ほど気が弱いことがありますし、尊大さを隠すために低姿勢を装うような人もいます。好きな女の子にわざと意地悪をする男の子などもその例です。

退　行　発達的な幼児化により緊張や葛藤を乗り切ろうとすることです。子どもの場合はストレスから夜尿や夜泣き、指しゃぶりをすることが知られていますが、大人でも不安なときに爪嚙みをする人がいます。また、幼児のようなおもちゃ遊びをして緊張を緩和することがあります。

防衛機制はこれらの他にも、社会的に高く評価される形で欲求をかなえようとする「昇華」、感情や欲求を本来の対象ではなく他の対象に向ける「投影」などがあります。

精神分析理論では、エスと自我と超自我の三者がバランスをとって機能する状態が健康な状態と考えます。したがいまして、「自我防衛は悪い」ということではなく人の自然な心の反応として現れるものであり、人はつねに何がしかの自我防衛を自由に使用しつつ、心のバランスをとって生きていると考えます。

1.2 精神分析療法の原理と技法

　精神分析理論で述べたように、人は健康な状態ではエスと自我と超自我の三者のバランスがとれています。つまり、多様な自我防衛を使いつつ自分の欲望を可能な限り実現しようとしながら生きてゆく状態です。一方、不健康な状態とは心が強過ぎる欲望や硬すぎる超自我に支配されたり、あるいはいつも決まりきった自我防衛しか使えなかったりする状態にあることです。そこで、精神分析療法ではこれらのバランスを回復させることが重要になります。

　精神分析療法は、これらの不均衡な状態を本人に意識させることによって治そうとします。強すぎる欲求も、硬すぎる超自我も固定化された自我防衛もすべて本人の無意識下に置かれていますから、自分がとってきた行動のパターンや意味あるいは原因について意識して考えさせ、根底にある自分の欲望や超自我あるいは自我防衛の歪みに気づかせるのです。つまり、自分の無意識の内容を意識という白日の下に晒すことを目指します。そして今まで気づかなかった自分の心に改めて気づくことによって人は苦しみから開放されると考えるのです。この無意識の意識化のことを**洞察**とよび、精神分析療法の原理と考えられています。

　この洞察にいたらせるための技法として精神分析療法は**解釈**という方法を用います。解釈とは、患者がどのようなエス、超自我、自我防衛を働かせているかについて分析者が推論を立てることです。医療でいう診断に似ています。そして、その解釈を患者に伝えることによって洞察を促します。優れた医者ほど的確な診断が下せるように優れた分析者ほど正しい解釈ができます。また医者が患者の症状に従って投薬を調整するように分

析者も患者の状態によって解釈の投与を調整し洞察へと導くのです。

病気の診断が体温や血圧、レントゲン写真の検査結果などに基づいて下されるように、解釈にも判断材料が必要です。精神分析療法では患者の話し方から声のトーン、服装から癖まで患者が示すすべての態度を解釈の材料としますが、やはり患者の話の内容がもっとも解釈の手がかりになります。しかし話は表面的であることが多いためフロイトは独自の方法を開発しました。それが**自由連想法**と**夢分析**です。自由連想法は、患者の心に浮かぶことをどんなことでもよいから自由に話させるやり方です。何を話しても自由という場面に置かれると、人は次第に自分が気にしていることを話し始めるとフロイトは考えました。その話の内容から解釈の手がかりが得られるという理屈です。また、夢は、抑圧のところで述べたように無意識に抑圧された感情や記憶ですので、夢の内容は解釈の大きな手がかりになると考えたのです。

要するに、精神分析療法とは患者の自由な話や夢の内容あるいは態度を手がかりに、その人の無意識を分析者が解釈し、それを伝えることにより本人に意識化してもらう、つまり洞察させることにより治すということです。

精神分析療法では、患者は分析者に自分自身について語り、分析者の解釈に耳を傾けて理解し、そして最後に自分の無意識を表現しますから、かなり知的な作業を必要とします。この意味で、精神分析療法は知的なレベル、とくに言語能力の低い人や、それが未発達の子どもには不向きです。また、精神分析療法は、理論が複雑であいまいな点も多く、しかも職人技的な側面があるため習得するには時間がかかりますから、教育現場で簡単に応用できるというものではありません。しかし、人間の

行動には意味や理由があるという考えは、教育現場で子どもたちの日記や絵などの作品あるいは日ごろの行動を観察する際に新たな観点を与えてくれることは間違いありません。

2. 来談者中心療法

来談者中心療法 (client centerd counseling) は、アメリカの心理学者 **ロジャーズ** (C. Rogers 1902～87) が創始したカウンセリングの方法です。ロジャーズはイリノイ州のシカゴ郊外に生まれ、コロンビア大学で臨床心理学を専攻しました。その後、オハイオ州立大学、シカゴ大学教授およびカウンセリングセンター長などを歴任し自分のカウンセリング理論を築き上げてゆきました。来談者中心療法は、精神分析療法に比べると簡潔な人間観と理解しやすい理論そして明解な技法を持っているために広く受け入れられ、現代カウンセリングの主流になりました。

2.1　自己理論

来談者中心療法における人間観、心のメカニズムなどの基礎概念をまとめて自己理論といいます。先の精神分析療法の精神分析理論に当たるものです。基本的人間観としてロジャーズは、「人は先天的に**自己実現** (self-realization) を目指す傾向がある」と簡潔に述べています。自己実現という概念を初めて心理学に導入したのはロジャーズではなく、動機づけの理論 (4章　4.2 動機づけの理論　参照) で登場したマズローですが、ロジャーズにとっての自己実現傾向とは、自分の成長を望み、自律性を持ち、自分らしく生きてゆきたいと願う傾向のことで、それを人は生まれたときから持ち続けるとロジャーズは考えたのです。

フロイトの人間観に比べるとはるかに単純で明るく、人間の内在的力への信頼性が感じられます。この意味で、相談に来る人は「患者」ではなく「来談者」とよばれています。

さて、人が自己実現傾向により自分らしく生きたいと望みますと、何が自分らしいのかについて明確にすることが大切になります。自分の性格や能力はどのようなものか、他人は自分をどう評価しているかなど、いわゆる自己のイメージが生きてゆく上で重要になるのは当然です。この自分のイメージのことをロジャーズは**自己概念**とよびました。この自己概念こそが自己理論の中心概念になります。

自己概念についてロジャーズが考えたことは、人は正しい自己概念を持ち得るのかということでした。人は往々にして「自分が思う自分」が本当の自分だと思い込むとロジャーズは言うのです。ロジャーズによれば、この「自分が思う自分」は単に思い込みの自分であり（**主観的自己**あるいは**理想我** idealized self)、真の自分の一部に過ぎないというのです。本当の自分あるいは自己概念には、この理想我のほかに「他人から見たもう一人の自分」(**客観的自己**あるいは**現実我** actual self) という部分があると考えたのです。客観的自己とは、実際の自分のことであり、行動や経験として現れる自分のことです。そして、この理想我と現実我の2つが合わさって本当の自分であると考えたのです。たとえば、自分ではどんなに大胆で勇気のある人間だと思っていても、時々ひどく臆病で神経質な行動を示すなら、それも同じ自分に相違ないのです。ロジャーズが考えた自己概念のモデルを図に示すと次のようなものになります（図6.1参照）。まるで数学の集合論で登場したベン図のようですが、左側の円が主観的自己で右側の円が客観的自己を表します。お互いに重なっている部分が自分も他人も認める自分であり、左

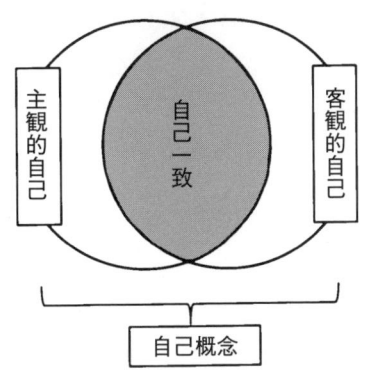

```
┌──────┐ ┌──────┐ ┌──────┐
│ 主観 │ │ 自己 │ │ 客観 │
│ 的自 │ │ 一致 │ │ 的自 │
│ 己   │ │      │ │ 己   │
└──────┘ └──────┘ └──────┘
         ┌──────┐
         │自己概念│
         └──────┘
```

図6.1　ロジャーズの自己概念の図式

端の部分は自分だけが思い込んでいる自分で、右端の部分は、他人は知っているが自分では意識しない自分です。ロジャーズはこのような3つの部分で自己概念を考えました。

ロジャーズの自己理論では、この主観的自己と客観的自己の重なっている部分が多いことを**自己一致**の状態とよびます。つまり主観的自己と客観的自己の間にギャップが少ない状態で、この状態にある人を精神的に健康だととらえます。先ほどの例でいえば、「自分は気が強く大胆のほうだが、どんな場合でもそうではない。時と場合によっては臆病で神経質な面も持つ人間だ」と思える人です。逆に、主観的自己と客観的自己の間のギャップが大きい、すなわち重なりの部分が少ない状態を**自己不一致**とよび精神的には不健康と考えます。先の例でいうなら、「大胆で勇気に満ちているのが自分であり、自分を臆病や神経質というのは人を見る目のない他人の誤解である」と考える人です。

このようにして来談者中心療法では、人の悩みや問題は人が持つ自己概念の不一致により生じると考えます。この考え方は

きわめて明快で、現在の色々な心の問題を説明することができます。たとえば、不登校で「優等生の挫折症候」とよばれる現象があります。これは、小学校（あるいは中学校）で成績が良く周囲から期待されていた児童が中学校（あるいは高校）に進学したとたんに不登校になってしまう現象です。この現象を自己理論から考えますと次のように説明できます。小学校時代に成績も良く運動能力も高い子どもは、学校で目立つ存在になり自分も他のクラスメイトもクラスのリーダー的存在として認めることが多く、優等生としての自己概念が成立してゆきます。ところが、これらの子どもが中学校に進学しますと、そこには他の小学校からも同じように優秀な子どもが来ていますし、また中学校では心身の変化が激しく小学校時代には自分より劣っていると感じられた他の子どもが大きく変化して能力を発揮し始めることもしばしばあります。また授業の形態も評価の方法も異なってくるため、それまで活躍していた子どもがそのまま活躍できてクラスメイトからも認められるとは限りません。その結果、小学校時代の自己概念は大きく揺さぶられて、小学校時代の自己概念と中学校の自分との間にギャップを感じる事態が生じます。その差をもっとも痛感させられるのが学校ですから、結果として不登校に陥るとらえるのです。また、学校教育の現場で最近しばしば話題にされる現象に「中学生ギャップ」というものがあります。これは小学生から中学1年生になったとたん、学習や生活の急激な変化になじめずに不登校、いじめが急増するという現象ですが、やはり小、中学校間で生じる自己概念のズレととらえると納得がゆきます。

2.2　来談者中心療法の原理と技法

　自己理論では自己概念の不一致によりすべての問題が生じる

と考えますので、自己概念を一致させることが来談者中心療法の目標になります。そこで、来談者中心療法の治療原理を簡潔に述べますと以下のようになります。

(1) 来談者中心療法の治療原理

まず、来談者とカウンセラーとの間に心を開いて話せるような関係が成立することです。そうすると来談者はカウンセラー相手に安心して自分自身について充分で自由に語ることができます。その話の中で来談者は自分の考えや体験したことをもう一度繰り返し再体験し、次第に自分を客観的に眺め始めます。そこにおいて自分の不一致や矛盾に気づくことができ、その結果自己一致にいたるというものです。要するに、カウンセラーと信頼感の持てる人間関係（これを**ラポール**とよびます）により、来談者が自分で自己概念を修復して行くということです。この過程は、いわば日記を書くことに似ています。といいますのも、人は日記の中で自由に好きなだけ自分のことを語れます。そうすることで体験を一歩はなれた時点から振り返り、自分を反省することができるからです。このように来談者の自己修復力を援助することがカウンセラーの務めになるという意味で来談者「中心」と考えられます。

(2) 来談者中心療法の技法

来談者中心療法で重要なことは来談者が充分で自由に自分を語ることです。そのような体験により自己一致が生じることになりますので、来談者中心療法の技法は、来談者が安心して自己表現できるようにしむけるための技法となります。

来談者中心療法の初期には、相手のいうことを繰り返したり、支持したり、明確化したり、質問するなど「非指示的」な技法が開発されましたが、次第に来談者の主体性をより促すためにカウンセラーが身につけるべき基本的な態度というものが提唱

されました。これらは**カウンセリングマインド**とよばれていますが、主として以下にあげるような態度を指します。

①受容（の態度）

人にはどうしても相手に対する好き嫌いが生じますし、相容れない価値観というものがあります。しかし、来談者の考えや態度がカウンセラーにとっては許容できないものであっても、相手を否定したり拒否したり、あるいは一方的にお説教するのではなく、相手を尊重し無心に受け入れようとする態度のことを受容といいます。受容は、相手に対する「無条件の肯定的配慮（unconditional positive regard）」とも表現されます。「まじめだから好きだ」とか「成績の良い生徒だからから話を聞こう」というように、自分が設定する条件を満たしている場合のみの好意ではなく、相手の存在そのものに好意を持ち、心から相手の話を傾聴する態度といえます。この受容・傾聴の効果は大きく「話を聞いてもらえただけで気が楽になった」というように、話し手にカタルシス（浄化作用）の効果も与えます。人は自分が相手に受容されたと感じると、さらに自然に自分のことを語り始めます。

②共感（的理解）

来談者の感情や考えを相手の立場で理解することです。これについてロジャーズは「クライエント（来談者）の私的世界を、あたかも自分自身の世界のように感じ取り、しかも"あたかも"という性質を失わないこと」と述べています。ロジャーズの説明の前半部分が意味することは、来談者の目線に立って相手が暮らしている世界を眺め、来談者の痛みを自分の痛みとして感じ取る態度のことです。来談者の目線で眺めると相手の世界を深く理解できますし、同じような感覚を抱くことで来談者との間に心の絆ができます。このことが来談者との間の垣根を取り

払い、相手のさらなる自由な自己表現をもたらすことになります。ロジャーズの説明の後半部分は、共感は世界の共有ではあっても同情のように相手と自分とを同一化し来談者の感情に飲み込まれることではない、という意味です。同情により深い結びつきが来談者との間に生じることは良いことのように思えますが、カウンセラーが感情的に同一化しますと来談者は自分の感情を正当化してしまいます。たとえば、来談者が大いに「妬み」を感じているとき、カウンセラーも同じように妬めば来談者は自分の「妬み」を当然のこととしてますます妬みを募らせます。このことは、来談者が客観的に自分を眺め再検討することを妨げるのです。その結果、来談者中心療法の原理のところで述べたように自己概念の一致を遠ざけてしまうのです。来談者に必要なことは自分が何を妬むのか、なぜ妬むのか、妬んでいる自分について考えることです。ロジャーズの言葉の意味は、カウンセラーが鏡のように相手の心の姿を映さねばならない一面を失ってはいけないということです。

③（カウンセラー自身の）純粋性あるいは自己一致

来談者中心療法の発展につれ、ロジャーズはカウンセラー自身の姿勢について言及しました。純粋性とは、カウンセラー自身が自己一致していて裏表がないこと、そして何よりも自己実現を求める存在であることです。カウンセラー自身が自己一致していなければ、来談者の自己一致につきあえるはずはありません。これは教師にもいえることで、教師として学校では振る舞いつつも内面には邪悪な感情を持っている人間が子どもの自己実現を援助できるわけがありません。これらのことは当然のように聞こえるかもしれませんが、実はロジャーズがもっとも重要で困難な点としていたことでした。といいますのも、ロジャーズにとってカウンセリングは自己実現を求めてなされる

ものですが、その自己実現はつねに求めては遠ざかる理想的な存在だからです。ロジャーズ自身は「自分もまた来談者と同じく自己実現への道を歩んでいる者」と述べており、たゆまぬ努力を続けていました。

2.3 来談者中心療法の意義と批判

　悩みを持つ人を患者ではなく来談者とよんで同格にとらえ、その主体的治癒力に信頼を置いた考えは多くの人に支持され、1980年代まではカウンセリングの世界でロジェリアン（ロジャーズ派）でなければカウンセラーではないとまでいわれた時期がありました。さすがに現在では、もっと精密なモデルを用いて数多くの症状に対応する新たな療法が開発されてきましたので一頃のような隆盛はありませんが、教育現場では不登校や非行の問題の理解と援助に広く応用されています。とくにカウンセリングマインドはカウンセリングの場面のみならず、対人関係の基本原理のように考えられています。

　また技法の習得に当たっては面接場面を録音し、効果を測定したり、公開で討論できるようにしたりするなど面接技術を体系化し、カウンセリングを科学として成立させました。そのため誰もが訓練によりカウンセラーになれる道を拓き、カウンセリングを医者の専売ではなくしたといえます。

　一方、来談者中心療法の根本は来談者自身による自分への気づきですから、この意味で精神分析療法と同じように意識化を必要とします。しかも意識化は来談者に依存する部分が大きいのですから、そこには長い時間がかかることが往々にしてあります。したがって行動の改善がなかなか進行しないことがあります。また、すべての問題を自己概念の不一致でとらえるため、それが適当でないような自閉症あるいは統合失調症などには効

果が期待できない面があります。

3. 行動療法

　行動療法 (behavior therapy) は「現代の学習理論に基づいて人間の行動を変えようとする療法」といえます。2章の「学習の理論」で登場したいくつかの学習理論を基礎理論とする療法で、先に述べた精神分析療法、来談者中心療法のように一人の創始者により生み出されたという療法ではないのです。行動療法は精神分析療法、来談者中心療法とは基礎理論も技法もまったく異なり、前2者が不得意とした行動そのものの改善に効果を発揮する療法です。ここで「学習の理論」を思い出していただきたいのですが、まず学習とは経験の繰り返しによる行動の変容のことでした。次に学習理論とは経験をどのように繰り返せば行動が変容するかについて理論化したものでした。学習理論の主要理論は条件づけ理論と観察学習理論でしたが、行動療法はこの内の条件づけ理論を主たる基礎理論にしています。この条件づけ理論は、パブロフのレスポンデント条件づけ理論とスキナーによるオペラント条件づけ理論に分かれましたが、それぞれの条件づけ理論についての詳細は「学習の理論」を参照してください。

　ここで行動療法の特徴を明らかにするために、症状の捉え方と治療原理の2点について精神分析療法、来談者中心療法と比較してしてみます。

　まず症状のとらえ方ですが、精神分析療法、来談者中心療法では症状の奥に無意識の抑圧や自己不一致があり、それが表面化したものを症状と考えます。一方、行動療法では、症状は過去に誤って学習（条件づけ）された行動、あるいは必要にもか

かわらず未だに獲得されていない行動を症状と考えます。

次に治療原理ですが、精神分析療法、来談者中心療法では解釈の投与やカウンセリングマインドにより本人が「意識化」することを求めます。一方、行動療法では単に誤った条件づけのやり直し（再条件づけ）、あるいは新たな行動の条件づけを治療者が行います。これら点で行動療法は無意識の存在を仮定していませんし、精神分析療法、来談者中心療法に比べて機械論的人間観を持つといえます。

以下に、それぞれの条件づけ理論ごとに応用開発された行動療法の治療法を説明します。

3.1 レスポンデント条件づけ理論と系統的脱感作療法

「学習の理論」で紹介しましたように、パブロフのレスポンデント条件づけ理論の骨子は、光や音あるいは臭いなどの感覚的情報が信号となり特定の反応を引き起こすようになるというものでした。とくにワトソンとレイナーの嫌悪条件づけの実験では、実験前まで「好き」だったものを条件づけにより「嫌い」にさせるという、情動の変容の可能性が示されました。

この情動変容の可能性に基づいて開発されたのが**系統的脱感作療法**（systematic desensitization）です。長くて複雑な療法名ですが、系統的とは「順序立てて」という意味で、脱感作とは「感じやすさをなくす」という意味です。全体の意味は「順序立てて組織的に感じやすさをなくす」治療法ということになります。**ウォルピ**（J. Wolpe）により1960年ごろから開発され、不安障害の1つである**恐怖症**（phobia）の治療などに効果を発揮しています。恐怖症では、他の人々には無害で気にならない対象が本人には恐怖感、嫌悪感、不安感を引き起こします。たとえば、高い場所を怖がる高所恐怖、狭い空間が怖い閉所恐怖、

尖った物が嫌な先端恐怖、特定の小動物が怖い動物恐怖、多くの他人の面前が怖い社会不安など、その種類は多岐にわたり、ある程度の比率（一説では5～10％）で人種を問わずその傾向が出現します。

系統的脱感作療法は恐怖症のメカニズムを過去の誤った条件づけの結果として捉えます。恐怖症の人は多くの人が平気な対象に恐怖という情動を条件づけられたと考えるのです。たとえば高所恐怖の人は以前に高い場所で落ちそうになったなど怖い体験をしたために高所が怖くなった（本人は記憶してないくらい幼い頃の体験かもしれません）と仮定します。

そこで、系統的脱感作療法では同じ対象を平気という気持ちに再条件づけして治療しようとします。再条件づけは最初きわめて弱い刺激と平穏でリラックスした感覚を結合させます。次第に刺激の強度を増加させながらリラックス感と結合させ、最後に強い刺激とリラックス感を結合して終了します。高所恐怖の治療を例として治療原理を説明しますと次のようになります。

まず、患者と面接して、どのような場面で不安を感じるかを聞き出します。そしてもっとも不安を強く感じる場面（たとえばマンション最上階の外階段から下を見るとき）からほとんど感じない場面（たとえば自宅の1階から庭を見ているとき）まで、自分の感覚によって100点から0点まで点数化します。これを自覚的障害単位（SUD：subjective units of distress）といいますが、これらの点数が約10点～20点刻みで減少するように場面を選択して一覧表を作成します。これを**不安階層表**（表6.1.1参照）とよんでいます。

次に、その不安階層表でもっとも不安が弱い場面とリラックス反応を条件づけして、その条件づけを次第に不安の高い場面へと移行させてゆきます（表6.1.2参照）。

表6.1.1 不安階層表の例

場面	SUD
1．高層マンション最上階の外階段から下を見る	100
2．谷間のロープウェイから下を見る	85
3．深いエスカレーターの下りに乗る	70
4．急な下り階段の前に立つ	60
5．低いビルの屋上に立つ	40
6．自宅の2階から階段を下りる	20
7．自宅の2階から庭を見る	10

表6.1.2 系統的脱感作療法の流れ図

第1段階　SUD　10点
自宅の2階から庭を眺める。同時に、
深呼吸したり本人が好きな音楽を聴いたりして気持ちをリラックスさせる。

第2段階　SUD　20点
自宅の階段の上に立ち下を見る。同時に、
深呼吸や好きな音楽を聴いてリラクセーション。

第3段階　SUD　40点
低いビルの屋上に立つ。同時に、
深呼吸や好きな音楽を聴いてリラクセーション。

⋮

最終段階　SUD　100点
マンション最上階の外階段の景色を眺めながら、同時に、
深呼吸や好きな音楽を聴いてリラクセーション。

　脱感作療法ではそれぞれの恐怖対象に合わせた様々な不安階層表が作成されなければなりません。それが無理なく作成されているか否か、またリラックスできる反応を適切に選択できるかなどが治療の効果を決定します。

3.2　オペラント条件づけ理論とトークン・エコノミー法

　スキナーによるオペラント条件づけ理論の骨子は、反応の直後に報酬などの正の強化子が随伴するならその反応は習慣化し、

同じ反応でも電気ショックなどの負の強化子が随伴するなら反応は消去されるというものでした。そこで、日常の生活のなかで望ましい反応が生じたときにただちに本人にとって報酬となるものを与えて、その反応を習慣化させるというやり方を**トークン・エコノミー法**（または**正強化法**）といいます。

この場合のトークンとは代理貨幣を意味しますが、小学校のときのご褒美シールや懸賞品と同じようなものと考えて結構です。褒め言葉や高い評価など、本人にとって価値がありうれしいものなら何でもかまいません。エコノミーとは効率性を意味しますが、トークンの与え方を次のように使い分けることから来ています。1つは「シェーピング法」といい、目標とする行動がすぐには獲得し難いときに段階的に正の強化を与え、少しずつ条件づける方法です。たとえば挨拶を教えたい場合に、まず相手の方に顔を向けたら褒める。次は顔を向けて声を出せたら褒める。最後はその言葉が意味のある挨拶言葉だったら褒める。というような具合です。

またオペラント型条件づけでは報酬が毎回反応のたびに与えられる（連続強化）より、ランダムに与えられる（部分強化）のほうがより強固に条件づけられることがわかっています。そこで、望ましい行動が生じるたびに褒めるのではなく不規則に褒める方法というも用いられます。

このようにトークン・エコノミー法はトークンを様々に与えることにより反応を習慣化してゆきますから、問題行動を除去する治療法というより新たな行動を獲得させて適応を促すことに有効です。したがいまして、トークン・エコノミー法は発達障害である自閉症、注意欠陥多動性障害、学習障害、精神遅滞、あるいは慢性的な精神病の人たちの社会適応訓練に広く用いられています。彼らの言語力やコミュニケーションスキル、注意

の集中力や持続性、日常生活の身辺管理能力、ストレス対処法などの向上に有効です。

ところで、オペラント条件づけには反応に報酬を与えて習慣化するほかに、反応に罰など負の強化子を与えて消去する条件づけが存在しています。その原理を応用したのが「回避法」です。回避法では望ましくない反応が生じるたびに不快な刺激を与えます。たとえばアルコール依存症の人に敢えてお酒を飲ませて、その直後に嘔吐剤を注射するというやり方です。わずか数回の試行でも、お酒を見るだけですぐに気分が悪くなり、そのうちグラスを見ただけでも吐き気を感じて断酒することができます。薬物依存や強迫行為などの人にも適用できますが、この回避法は現在ではあまり用いられていません。非人道的だという理由もありますが、症状があまりに早く除去されすぎて代わりの症状が出てくる可能性もあるからです。たとえばアルコールへの依存はなくなったけど、ほかの薬物などへの依存が始まるなどです。

3.3　行動療法の意義と批判

主として条件づけ理論による行動療法を説明しましたが、二大学習理論のもう1つである観察学習理論に基づいた行動療法もあります。望ましい行動をカウンセラー自身が行動したり、映像で見せたりして本人に行動を促すのです。どのような方法であれ行動療法は、たとえば高所不安をなくすというように治療目標を明確に示し、その治療プロセスは機械論的な操作性と客観性を持っています。そのために治療効果の検証も可能ですし、何よりも症状を除去し、当面の行動の改善には優れた威力を発揮します。一方で、カウンセラーとの心的つながりを欠き無機的である印象を与えますし、個人ごとに異なる生活暦や価

値観などの条件は無視されがちです。この点で症状除去のみの対症療法だという批判があります。

4. 認知行動療法

認知行動療法 (cognitive behavior therapy) は1970年代ごろより急速に発展し、現在もっとも広まっている療法です。この療法の基本的考え方は、人が自分の置かれた状況をどうとらえるか、すなわち状況認知の仕方によって悩みや問題行動は生じ、その認知の仕方を変えることによって問題は解決される、というものです。

たとえば、もし人から「君はバカだ」といわれたときに、「自分はどこかでバカげた行為をしているかもしれない」ととらえる人は、相手の話を聞き、自分を振り返って改善しようとするでしょう。しかし、「人に向かっていきなりバカというなど失礼ではないか」ととらえる人は、その結果として怒りの感情や相手への反抗的行為が生じるでしょう。また、「人からバカよばわりされるとは、なんて自分はだめな人間だ」ととらえる人は、気持ちが落ち込み、悩むでしょう。このように「バカとよばれる」という事態は同じであっても、その認知の相違によって人は異なる感情や行動をとります。そこで認知行動療法では、人が不適切な感情に苦しむ場合にはその苦しみを生むような認知の歪みが存在すると考えます。そして、その認知の歪みを修正するために行動療法的方法を用いて積極的に人に働きかけるのです。これが認知行動療法の基本原理です。このような基本原理を持つ療法はすべて認知行動療法と総称されますが、現在まで色々な症状に応じた認知のメカニズムや技法が研究され、幾種類かの認知行動療法が開発されています。この節ではもっ

とも代表的な認知行動療法である、論理情動療法と認知療法の2つを説明します。

4.1　論理情動療法

論理情動療法（rational emotional therapy）は、**エリス**（A. Ellis）によって創始された療法で認知行動療法の基本原理をよく示しています。彼は、認知の歪みを生み出すメカニズムとして、事実に基づかない非論理的考えや論理的必然性のない信念を考えました。人の悩みや問題発生の流れを **ABC 理論**という形で以下のように表しています。

A（Activating event）とは、実際の出来事や事実のことです。たとえば人から「君は嫌いだ」といわれた事実です。それを「自分は皆に好かれるべきである。人に嫌われる人はだめな人間である」という自分の信念 **B**（Belief）によってとらえるならば、結果 **C**（Consequence）は、落ち込みや悲しみあるいは絶望感が生じると考えたのです。この場合のすべての人に好かれなければ価値がないという信念は**非合理的信念**（irrational belief）であり、そのせいで事実は歪曲されて認知され、絶望感という不適切な感情を生み出すことになります。

エリスによれば、人は様々な非合理的信念を持つ傾向があるといいます。たとえば、例にあげたように「皆に好かれるほうが望ましい」という願望を「皆に好かれねばだめだ」という絶対論的信念に変化させたり、「女の幸せは結婚である」などの文化的歴史的背景により信念を形成したり、「自分はクラスでいちばんの嫌われ者だ」という証拠のない推論を信じ込んでいたりということです。これらの非合理的信念を、より合理的な信念（rational belief）に変えることが論理情動療法の目標になります。

論理情動療法の治療原理をアルファベットの頭文字で示すと以下のようなD、Eという形になります。論理情動療法では来談者に対し「自分の中の、〜すべきを探せ、〜せねばならないを発見せよ」という標語を与え、手順を追って来談者の持つ非合理的信念に迫り、それを打ち砕こうと図ります。そして、それを事実に基づいた論理性のある考えへと変化するように説得的対話をするのです。これを論理情動療法では反駁D（Dispute）とよんでいます。たとえば、「自分は皆に好かれるべきである。人に嫌われる人はだめな人間である」という信念が明らかになった場合、その信念を「すべての人に好かれるなどということは論理的に無理な話であり、嫌われることもある。今後嫌われる場合は理由を考えてみて修正可能な点は努力してみよう」という考え方に変化させるのです。その結果、同じような事態に陥っても人は合理的な信念に基づいて、より適応的にとらえられるという望ましい効果E（Effect）が生じると考えます。

　このような流れで論理情動療法を考えると、その全体像はアルファベット文字の語呂合わせのようにABCDEモデルと表現することができます。

4.2　認知療法

　認知療法（Cognitive Therapy）は．ベック（A. T. Beck）により、うつ病の治療法として創始されました。彼はうつ病の患者に独自の認知的歪みがあることに注目し、その認知のメカニズムを明らかにするとともに治療療法を開発したのですが、これはうつ病の薬物療法以上に効果があるといわれるほど画期的な療法でした。

　ベックの認知療法では、うつ的な症状を示す人は何らかのネガティブな事象に接した瞬間、ネガティブな思考回路が働き、

その結果として抑うつ的な感情や行動に陥ると考えます。うつ状態を引き起こす原因はこのネガティブな思考回路にあるわけですから、ベックはこれを詳細に分析しています。

うつ状態を示しやすい人は、ネガティブな事象に接すると条件反射のように「自分は価値のない人間だ」とか「この先、いいことは1つもない」という考えが明確な根拠もなく自動的に頭に浮かびますので、これを**自動思考**とよびました。この自動思考を生み出す元凶になっているのが**スキーマ**（schema）と**推論の誤り**です。

スキーマは心の根底にある個人に特有の考えです。たとえば、「仕事ができない人は敗北者である」というような、いわば論理情動療法でいう信念のようなもので、その人の生育環境や文化的な背景によって形成されたものです。

推論の誤りとは特有の情報の処理方法でして、主として次のような様式をベックは想定しました。

(1) 選択的な情報の抽出
特定な情報のみを重要視して、他の情報を無視する。
(2) 過剰な一般化
1つの事柄から、すべてがそうだと考える。
(3) 絶対的二分法
物事は白か黒かのどちらかと考える。
(4) 独断的推論
矛盾する証拠を無視して結論に至ろうとする。
(5) 過大視、過小視
良くないことは過大に考え、良いことは過小に評価する。
(6) 自己関連づけ
無関係のことでも自分に関係している、と思い込む。

これらの推論の誤り傾向は、うつ病の人に特有というわけで

はなく私たちも往々にして起こす誤りでもあります。

　スキーマ、推論の誤りから、自動思考が生じる過程を示しますと、次のような例となります。たとえば「仕事ができない人は敗北者である」というようなスキーマをもっている人がいるとします。その人が、たまたまある仕事が上手くいかなかったというネガティブな経験に遭遇しますと、1回きりの経験から全体の結果を予測したり、独断的推理をしたりして推論の誤りを犯してしまい、「自分のなすことはすべて失敗だ。よって自分は敗北者だ」というようにスキーマと結びつけられ、「自分は価値のない人間だ」といういつもの自動思考にはまり込んでしまいます。その結果としてうつ状態に陥ると考えたのです。つまり、エリスのいう非合理的信念を、スキーマ、推論の誤り、自動思考というフローチャートに分解して考えたのです。

　認知療法の治療原理は、うつ状態を引き起こす直接の原因である自動思考を明確にして修正すると同時に、その奥に潜んでいるスキーマを明らかにして変容させることです。これらは大きく分けて3段階から成立します。

　第1段階は、まず患者に認知療法とその原理を説明し治療計画を立てます。これは認知療法が患者との共同作業で進行することを意味し、このことを患者本人に知ってもらうのです。

　第2段階は、どのような自動思考があるのかを明確にするとともに、それを検証し修正します。そのため、本人が日常生活の中で何時どんな時にネガティブな気分になったか、そのときに考えていたことが何であったかについて記録してもらいます。そして、それらに推論の誤りがなかったのか、より合理的判断は何なのかについて考えてもらいます。

　第3段階は、その患者に固有のスキーマを明らかにし変容させることです。第2段階であげた自動思考の検証と修正を繰り

返す中からスキーマを探り、第2段階と同じような方法でスキーマを変容させてゆきます。

4.3 認知行動療法の意義と批判

　認知行動療法は、人の認知過程という情報処理過程に焦点を当て、その歪みがうつ症状などの問題行動の原因とする考え方です。従来、うつ症状は情緒的な原因があって、その結果として認知も歪むという考え方をしましたので、まったく逆の考え方です。人の認知過程に焦点をあてたため、症状に応じての認知過程の想定や仮説が設定しやすく、また治療においても計画的で効率的だといえます。現在では、外出先や広い場所で突然強い不安感や動悸に襲われるパニック障害、また、人前に出ると赤面、発汗、動悸とともに恐怖感を感じる社会不安障害、あるいは過食症など、多くの障害に独自の認知モデルが考えられ検証と治療が行われています。また、その効果は実験的に検証されて高い評価を受けています。

　一方、認知行動療法は患者本来の知的レベルや動機づけの高さ、気力、判断力が要求されるため、うつや不安感があまりに強い場合は適用が困難となります。

文献

第1章

Ainsworth, M. D. S., Blehar, MC., Waters, E., & Wakk, S. (1978) Patterns of attachment : *A psychological study of the strange situation.* Hillsdale, N. J. : Eelbaum.

Benedict, R. (1938) Continuities and discontinuities in cultural conditioning. *Psychiatry,* 1, 161-167.

ボウルビィ, J. (1969) 黒田実郎 (他訳) (1991)「愛着行動 母子関係の理論 (1)」新版 岩崎学術出版社

ビューラー, C. (1921) 原田茂 (訳) (1969)「青年の精神生活」 協同出版

カートライト, J. H. (2001) 鈴木光太郎・河野和明 (訳) (2005)「進化心理学入門 (心理学エレメンタルズ)」 新曜社

Down. J. L. 1887 *On some of the mental affections of childhood and youth.* London, Churchill.

エリクソン, E. H. (1959) 小此木啓吾 (訳編) (1973)「自我同一性」 誠信書房

エリクソン, E. H. (1968) 岩瀬庸理 (訳) (1982)「アイデンティティ改訂—青年と危機」 金沢文庫

Freeman, D. 1983 *Margaret Mead and Samoa* : *The making and unmaking of an anthropological myth.* Cambridge, MA : Harvard University Press.

フロイト, S. 高梁義孝, 下坂幸三 (訳) (1977)「精神分析入門」上・下 新潮社

フロイト, S. 井村恒郎 (訳編) (1971-1984)「フロイト著作集」 人文書院

Golton, F. (1869) Hereditary Genius, Macmillan.

ゲゼル, A. L. (1929) 山下俊郎 (訳) (1966)「乳幼児の心理学—出生より5歳まで」 家政教育社

Gesell., A. L., & Thompson, H. (1929) Learning and growth in identical infant twins : An experimental study by method of co-twin control. *Genetic Psychological Monograph,* 6, 1-124.

Hall, G. S. (1904) *Adolescence* : *Its psychology and its relations* to *physiology, anthoropology, sociology, sex, crime, religion, and education,*

2vol. New York：Appleton.

Harlow, H. F. (1958) The nature of love. *American Psychologist*, 13, 673-68.

ハーロー, H. F. (1971)　浜田寿美男 (訳) (1978)「愛の成り立ち」　ミネルヴァ書房

Hollingworth, L. S. (1928) *The psychology of adolescent*. New York：Appleton.

ジェンセン, A. R. (1969) How much can we boost IQ and scholastic achievement?　*Harvard Educational Review*, 39, 1-123.　岩井勇児 (訳) (1978)「IQ の遺伝と教育」　黎明書房

次良丸睦子, 五十嵐一枝 (2002)「発達障害の臨床心理学」　北大路書房

Kanner, L. 1943 Autistic disturbances of affective contact. *Nerv. Child*, 2, 217-250.

ミード, M. (1939) Coming of Age in Samoa. New York：Morrow.　畑中幸子, 山本真鳥 (訳)「サモア島の思春期」　蒼樹書房

レヴィン, K. (1951) 猪俣佐登留 (訳) (1979)「社会科学における場の理論 (増補版)」　誠信書房

ピアジェ, J. P. (1947)　滝沢武久, 山内光哉, 落合正行, 芳賀 純 (訳) (1980)「知能の心理学」　有斐閣新書

ピアジェ, J. P. (1970)　滝沢武久 (訳) (1972)「発生的認識論」　白水社クセジュ文庫

ピアジェ, J. P. & インヘルダー, B.　滝沢武久, 銀林 浩 (訳) (1965)「量の発達心理学」　国土社

Pascul-Leone, J. (1984) Attentional, dialectic, andmentaleffort. InM. L. Commons,

F. A. Richards, & C. Armon (Eds.), *Beyond formal operations*. New York：Plenum.

Scammon, R. E (1930) *The Measurement of Man*, Harris, J. A. et, al. (Eds), Univ. of Minnesota Press.

シング, J. A. L. (1942)　中野善郎, 清水智子訳 (1977)「狼に育てられた子―カマラとアマラの養育日記 (野生児の記録1)」　福村出版

サイモン・バロン=コーエン　長野 敬, 長畑正道, 今野義孝 (訳) (2002)「自閉症とマインド・ブラインドネス」　青土社

シュプランガー, E. (1924)　土井竹治 (訳) (1937)「青年の心理」刀江書房

Stern, W. (1924) *Psychology of early childhood*：*Up to the sixth year of age*. New York：Holt.

鈴木光太郎 (2008)「オオカミ少女はいなかった」　新曜社

ヴィゴーツキー, L. S.（1934）柴田義松（訳）(2001)「思考と言語」新訳版　新読書社

第2章

バウアー, G. H.　ヒルガード, E. R.　梅本堯夫監（訳）(1988)「学習の理論」第5版，上・下，培風館

Bandura, A., Ross, D., & Ross, S. A. (1963) Imitation of film-mediated aggressive models. *Journal of Abnormal and Social Psychology*, **66**, 3-11.

バンデューラ, A.（1977）　原野広太郎（監訳）(1979)「社会的学習理論——人間理解と教育の基礎」　金子書房

Kohler, W. (1917) *Intelligenzprüfungen an Menschenaffen*. Berlin：Sprnger-Verlag. 宮孝一（訳）(1962)「類人猿の知恵試験」　岩波書店

パブロフ, I. P.　川村 浩（訳）(1975)「大脳半球の働きについて——条件反射学——」上・下，岩波文庫

ポルトマン, A.　高木正孝（訳）(1961)「人間はどこまで動物か」　岩波新書

パブロフ, I. P.　岡田靖雄（訳）(1979)「高次神経活動の客観的研究」岩崎学術出版社

Skinner, B. F. (1938) *The behavior of organisms*. New York：Appleton.

Thorndike, E. L. (1898) Animal intelligence：An experimental study of the associative processes in animals. *Psychological Monograph*, **2**, 8.

Tolman, E. C. & Honzik, C. H. (1930) *"Insight" in Rats*. University of California Publications in Psychology,.

Watson, J. B., & Rayner, R. (1920) Conditioned emotional reactions. *Journal of Experimental Psychology*, **3**, 1-14.

ワトソン, J. B.　安田一郎（訳）(1980)「行動主義の心理学」現代思想選〈6〉　河出書房新社

第3章

Anderson. J. R. (1974) Verbatim and prepositional representation of sentences in immediate and long-term memory. *Journal of Verbal Learning and Verbal Behavior*, **13**, 159-162.

Atkinson, R. C., & Shiffrin, R. M (1968) Human Memory：A proposed system and its control processes. In K. W. Spence and J. T. Spence

(Eds.), *The psychology of learning and motivation*, Vol. 2. London：AcademicPress.

バートレット, F. C. (1932) 宇津木 保, 辻 正三 (訳) (1983)「想起の心理学」 誠信書房

Baddeley, A. & Hitch, G. (1974) Working memory. InBower, G. H. (Ed.) *The Psychology of learning and motivation*. New York：Academic Press.

Collins, A. M., & Loftus, E. F. (1975) A spreading activation theory of semantic processing. *Psychological Review*, 82, 407-428.

Collins, A. M., & Quillian, M. R. (1969) Retrieval time from semantic memory. *Journal of Verval Learning and Verbal Behavior*, 8, 240-247.

Craik, F. I. M., & Lockhart, R. S. (1972) Levels of processing：a framework for memory research. *Journal of Verbal Learning and Verbal Behavior*, 11, 671-684.

Ebbinghaus, H.(1897) *Grundzüge der Psychologie*. Leiptig：Veit & Co.

Jenkins, J. G., & Dallenbach,. K. M. (1924) Oblivisence during sleep and waking. *American Journal of Psychology*, 35, 605-612.

Milner, B., Corkin, S. & Teuber. H. L. (1968) Further analysis of the hippocampal amnesic syndrome：14-year follow-up study of H. M. *Neuropsychologia.* 6, 582-587.

Milller, G. A. (1956) The magical number seven, plus or minus two：Some limits on our capacity for processing information.*Psychological Review*, 63, 81-93.

太田信夫, 多鹿秀継 (編著) (2000)「記憶研究の最前線」 北大路書房

Peterson, L. R., & Peterson, M. J. (1959) Short-term retention of individual items. *Journal of Experimental Psychology*, 58, 193-198.

Tulving, E. (1972) Episodic and semantic memory. In E. Tulving & W. Donaldson (Eds.) *Organization of memory*. New York：Academic Press. 381-403.

タルヴィング, E. (1983)　太田信夫 (訳) (1985)「タルヴィングの記憶理論」 教育出版

第4章

Ausubel, D. P. (1963) *The psychology of meaningful verbal learning*. Grune & Stratton.

オースベル, D. P., ロビンソン, F. G.　吉田章宏, 松田彌生 (訳) (1984)「教室学習の心理学」 黎明書房

アロンソン, E. 他 (1978)　松山安雄 (訳) (1986)「ジグゾー学級」　原書房
ブラウン, A. L. (1978)　湯川良三, 石川裕久 (訳) (1984)「メタ認知」　サイエンス社
ブルーナー, J. S. (1961)　鈴木祥蔵, 佐藤三郎 (訳) (1985)「教育の過程」　岩波書店
Cronbach, L. J. (1957) The two disciplines of scientific psychology. *American Psychologist*, 12, 671-684.
Deci, E. L. 1971 Effects of externally mediated rewards on intrinsic motivation. *Journal of Personality and Psychology*, 18, 105-115.
デシ, E. L. (1975)　安藤延男, 石田梅男 (訳) (1980)「内発的動機づけ―実験社会心理学的アプローチ」　誠信書房
Domino, G. 1971 Interactive effects of achievement orientation and teaching style on academic achievement. *Journal of Educational Psychology*, 62, 427-431.
Dweck, C. S. (1975) The role of expectations and attributions in the alleviation of learned helplessness. *Journal of Personality and Social Psychology*, 31, 674-685.
メイヤー, R. E.　佐古順彦訳 (1979)「新思考心理学入門」　サイエンス社
マズロー, A. H. (1954)　小口忠彦 (監訳) (1971)「人間性の心理学」　産業能率大学出版部
Seligman, M. E. P., & Maier, S. F. (1967) Failuar to escape traumatic shock. *Journal of Experimental Psychology*, 74, 1-9.
杉村 健 (1965)「教室における暗黙の (implicit) 強化」　教育心理学研究, 13 (2), 65-69.
セリグマン, M. E. P.　平井 久, 木村 駿 (訳) (1985)「うつ病の行動学―学習性絶望感とは何か」　誠信書房
板倉聖宣編 (1974)「初めての仮説実験授業」　国土社
Palincsar, A. S., & Brown, A. L. (1984) Reciprocal Teaching of Comprehension-Fostering and Comprehension-Monitoring Activities. *COGNITION AND INSTRUCTION*, I (2), 117-175.
Schoenfeld, A. H. (1994) What do we know about mathematics curricula? *Journal of Mathematical Behavior*, 13 (1), 55-80.
Skinner, B. F. (1954) The science of learning and the art of teaching. Harvard *Educational Review*, 24, 86-97.
Snow, R. E., Tiffin, J., & Seibert, W. F. (1965) Individual differences and instructional film effects. *Journal of Educational Psychology*, 56,

315-326.
Weiner, B., Frieze, I., Kukla, A., Read, L., Rest, S., & Rosenbaum, R. M. (1971) Perceiving the causes of success and failure. In E. E. Jones et al. Eds. *Attribution：Perceiving the causes of behavior*. General Learning Press.

第5章

ビネー, A., & シモン, Th. (1954)　大井清吉 他 (訳)(1977)「ビネ知能検査法の原典」　日本文化科学社
Cattell, R. B. (1963) The theory of fluid and crystallized intelligence-A critical experiment. *Journal of educational Psychology*, 54, 1-22.
Rosentahl, R. & Jacobson, L., (1968) Pygmalion in the Classroom. Holt.
ロールシャッハ, H.　鈴木睦夫 (訳)(1999)「精神診断学」　金子書房
Thurstone, L. L. (1938) Primary mental abilities. *Psychometric Monograph*, No1.
Thorndike, E. L. (1920) A Constant Error of Psychological Ratings. *Journal of Applaied Psychology*. 4.
なお、心理学的測定や検査法について理解するためには以下の文献が参考になる。
上里一郎 (監修)(1993)「心理アセスメントハンドブック」　西村書店
渡辺 洋 (編著)(1993)「心理検査法入門」　福村出版

第6章

ベック, A. T. (1976)　大野 裕 (訳)(1990)「認知療法―精神療法の新しい発展」岩崎学術出版社
エリス, A., & ハーパー, A. (1975)　北見芳雄 (監修), 国分康孝, 伊藤順康 (訳)(1981)「論理療法―自己説得のサイコセラピー」川島書店
フロイト, S.　井村恒郎 (訳編)(1971-1984)「フロイト著作集」　人文書院
一丸藤太郎, 山本 力, 名島潤慈, 鑪 幹八郎 (1998)「精神分析的心理療法の手引き」　誠信書房
Luft, J. (1970) Group Process：An Introduction to Group Dynamics. Mayfield Publishing Co, U. S.
ロジャーズ, C. R.　「クライアント中心療法 (ロジャーズ主要著作集)」(2005) 保坂 亨, 諸富祥彦, 末武康弘 (共訳)　岩崎学術出版社
ウォルピ, J.　「神経症の行動療法―新版 行動療法の実際 (精神医学選書)」(2005) 内山喜久雄 (監訳)　黎明書房

人名索引

ア
アロンソン　119

イ
板倉　116

ウ
ウェクスラー　136
ウォルピ　164

エ
エインズワース　28
エビングハウス　92
エリクソン　21
エリス　170

オ
オースベル　114

カ
カナー　49

ク
クロンバック　120

ケ
ゲゼル　6
ケーラー　76

コ
コリンズとキリアン　88
コリンズとロフタス　91
ゴールトン　5

サ
サイモン・バロン-コーエン　51

シ
ジェンセン　6,13
シュテルン　11

シュプランガー　19
ショーンフェルド　101

ス
スキナー　64,117
杉村　106

セ
セリグマンとメイヤー　108

ソ
ソーンダイク　64

タ
ダウン　43
タルヴィング　95

テ
デシ　105

ト
ドウェック　112
ドミノ　121
トールマン　75

ハ
バッドリー　83
パブロフ　59
パリンサー　101
ハーロー　10,27
バンデューラ　72

ヒ
ピアジェ　30
ビネー　133
ビューラー　19

フ
ブラウン　99
フリーマン　21

ブルーナー　116
フロイト　15,148

ヘ
ベック　171
ベネディクト　20

ホ
ボウルビィー　26
ホリングワース　19
ホール　18
ポルトマン　58

マ
マズロー　102
マーレー　129

ミ
ミード　20
ミラー　82
ミルナー　78

レ
レビン　19

ロ
ロジャーズ　155
ローゼンタール　146
ロック　4
ロールシャッハ　130

ワ
ワイナー　111
ワトソン　62
ヴィゴツキー　39

項目索引

A
ABC理論 170
ADHD 47

C
CAI 118

I
IQ 42

L
LD 44

M
MMPI 127

T
TAT 129

Y
YG(矢田部・ギルフォード)性格検査 127

ア
愛着 27
愛着理論 26
足場づくり 40
アスペルガー症候群 50
アトキンソンとシェフリンのモデル 79

イ
維持リハーサル 84
遺伝説 4
遺伝・成熟説 4
意味的変換 86
意味ネットワークモデル 91

ウ
ウェクスラー式知能検査 135
内田・クレペリン検査 131

エ
永続性のシェマ 32
エス 150
エディプス・コンプレックス 16
エピソディック記憶 91

オ
オペラント条件づけ 64
音声符号化 83

カ
解釈 153
階段登り 7
外発的動機 104
回避法 168
快楽原則 150
カウンセリングマインド 160
カウンターグループ 119
学習障害 44
学習性無力感 108
学習説 4
学習の転移 98
家系分析 5
仮説実験授業 116
感覚・運動期 32
環境閾値説 14
環境説 4
環境・学習説 4
観察学習 72
干渉説 95
間接強化 74
完全性 対 絶望 25

キ
機械的学習 114
基準関連妥当性 139
客観的自己 156
逆向干渉 95
ギャングエイジ 29
教育評価 139
強化 62
境界人 19

強化子 67
強化スケジュール 69
共感 160
恐怖症 164
勤勉 対 劣等感 22

ク
具体的操作期 36
グループ学習 119

ケ
形式的操作期 37
形成的評価 144
系統的脱感作療法 164
欠乏欲求 103
原因帰属 110
嫌悪条件づけ 62
原グループ 119
検索失敗説 95
現実我 156
現実原則 150
減衰説 92

コ
効果の法則 66
攻撃行動 72
口唇期 16
構成概念妥当性 138
行動主義 62
行動療法 163
光背効果 145
肛門期 16
合理化 151
心の理論 51
個人内評価 143
古典的条件づけ 61

サ
作業曲線 132
作業検査法 131
作動記憶 83
サリーとアン課題 51

シ
シェイピング　69
シェーピング法　167
シェマ　31
自我同一性　23
自我同一性拡散　24
自我同一性獲得 対 自我同一性拡散　22
自我防衛機制　151
ジグソー学習法　119
自己一致　157
試行錯誤学習　66
自己概念　156
自己決定（自己統制）感　108
自己実現　155
自己中心性　34
自己不一致　157
思春期　19
疾風怒濤　18
質問紙法　126
自動思考　172
自発性 対 罪悪感　22
自閉症　49
自閉症スペクトラム　51
社会的剥奪　10
社会文化発達理論　39
集団式知能テスト　135
自由連想法　154
主観的自己　156
受容　160
順向干渉　95
純粋性　161
生涯発達　3
消去　62
条件づけ　62
条件反射　61
情報処理システム　39
処理水準説　85
自律 対 疑惑　22
進化心理学　14
新生児反射　57
診断的評価　144
心的決定論　149

新ピアジェ派　39
親密性 対 孤独感　24
信頼性　137
信頼 対 不信　22
心理社会的発達理論　21
心理性的発達理論　15
心理的離乳　19

ス
随伴性　68
推論の誤り　172
スキナーボックス　67
スキーマ　172

セ
性格測定　126
精神分析療法　148
性器期　17
正規分布　141
正強化法　167
成熟説　4
成熟優位説　8
青春期　19
生殖性 対 停滞　25
精神遅滞　42
精神年齢　134
精緻化リハーサル　85
成長欲求　103
青年期　18
正の強化　68
正の転移　98
絶対評価　140
宣言的知識　91
先行オーガナイザー　115
潜在学習理論　75
前操作期　34
潜伏期　17

ソ
総括的評価　144
早期完了　24
双生児法　6
相対評価　141
ソーシャル・スキル・トレーニング　44
ソフトマザー　27

タ
退行　152
第2の誕生　19
代理性強化　74
多因子モデル　137
ダウン症候群　43
妥当性　137
短期記憶　79
男根期　16

チ
知能指数　134
知能テスト　133
知能偏差値　135
注意欠陥多動性障害　47
長期記憶　79
超自我　150
調節　31

テ
定間隔強化　70
定率強化　69
適性処遇交互作用　120
手続きの知識　92

ト
投影法　128
同化　31
洞察　153
洞察説　76
到達度評価　143
逃避　152
特異な発達障害　44
トークン・エコノミー法　167

ナ
内言　41
内発の動機　107
内容的妥当性　139

ニ
二重構造仮説 79
認知行動療法 169
認知説 75
認知地図 76
認知発達理論 30
認知療法 171
認定評価 140

ネ
ネコの問題箱実験 64
ネットワーク化 87

ハ
発見学習 116
発達 3
発達課題 15
発達障害 42
発達心理学 3
発達段階 14
発達の最近接領域 40
ハードマザー 27
般化 62
反動形成 152

ヒ
ピア.チュートリング 41
ピグマリオン効果 146
非合理的信念 170

フ
不安階層表 165
輻輳説 12
負の強化 68
負の転移 98
部分強化 69
プログラム学習 117

ヘ
変間隔強化 70
変率強化 70

ホ
ホスピタリズム 26

母性剥奪実験 27
保存課題 34

ミ
三つ山課題 34

ム
無意識 149
無条件反射 60

メ
メタ認知 99
メタ認知的活動 100
メタ認知的知識 99

モ
モラトリアム 23

ヤ
役割実験 23
野生児 9

ユ
有意味記憶 91
有意味受容学習 114
有能感 108
夢分析 154

ヨ
抑圧 151
欲求階層説 102

ラ
来談者中心療法 155
ラポール 159

リ
理想我 156
リビドー論 15

レ
レスポンデント条件づけ 61
レディネス 5

連合説 75
連続強化 69

ロ
ロールシャッハテスト 129
論理情動療法 170

ワ
ワーキング・メモリー 83

著者紹介

平野　眞（ひらの　しん）

1951年　熊本市生まれ
1975年　早稲田大学教育学部　教育心理学専攻卒業
1981年　早稲田大学大学院　文学研究科心理学専攻
　　　　博士課程修了
現在　　東海大学　課程資格教育センター
　　　　　　　　　教育学研究室　教授

装丁　中野達彦

教職課程の心理学

2011年9月30日　第1版第1刷発行
2017年3月20日　第1版第3刷発行

著　者	平野　眞
発行者	橋本敏明
発行所	東海大学出版部 〒259-1292　神奈川県平塚市北金目4-1-1 TEL 0463-58-7811　FAX 0463-58-7833 URL http://www.press.tokai.ac.jp/ 振替　00100-5-46614
印刷所	株式会社真興社
製本所	株式会社誠製本所

©Shin Hirano, 2011　　　　　　　　　　　　　　ISBN978-4-486-01914-5

R〈日本複製権センター委託出版物〉
本書の全部または一部を無断で複写複製（コピー）することは，著作権法上の例外を除き，禁じられています．本書から複写複製する場合は日本複製権センターへご連絡の上，許諾を得てください．日本複製権センター（電話03-3401-2382）